相信孩子有成长的可能性，

然后帮助孩子成长，协助孩子应对挑战，

这是父母为孩子做的最有价值的工作。

没上补习班的孩子
是怎么考上名校的

［日］富永雄辅 著　　晏楠 译

北京日报出版社

图书在版编目（CIP）数据

没上补习班的孩子 是怎么考上名校的 /（日）富永雄辅著；晏楠译. — 北京：北京日报出版社,2021.9
ISBN 978-7-5477-3938-9

Ⅰ.①没… Ⅱ.①富… ②晏… Ⅲ.①青少年教育 – 家庭教育 Ⅳ.①G782

中国版本图书馆CIP数据核字(2021)第054453号

著作权合同登记 图字：01-2021-1949号

「東大生を育てる親は家の中で何をしているのか？」(富永 雄輔)
TOUDAISEIWO SODATERU OYAWA IENONAKADE NANIWO SHITEIRUNOKA?
Copyright © 2017 by Yusuke Tominaga
Original Japanese edition published by Bunkyosha Co., Ltd., Tokyo, Japan
Simplified Chinese edition published by arrangement with Bunkyosha Co., Ltd. through Japan Creative Agency Inc., Tokyo

没上补习班的孩子 是怎么考上名校的

责任编辑：	史 琴
助理编辑：	秦 姚
监 制：	黄 利 万 夏
特约编辑：	张久越
营销支持：	曹莉丽
版权支持：	王秀荣
装帧设计：	紫图装帧
出版发行：	北京日报出版社
地 址：	北京市东城区东单三条8-16号东方广场东配楼四层
邮 编：	100005
电 话：	发行部：(010) 65255876
	总编室：(010) 65252135
印 刷：	天津中印联印务有限公司
经 销：	各地新华书店
版 次：	2021年9月第1版
	2021年9月第1次印刷
开 本：	787毫米×1092毫米 1/32
印 张：	6.25
字 数：	100千字
定 价：	49.90元

版权所有，侵权必究，未经许可，不得转载

序 言

任何孩子都有"成长的可能性"

大家好，我是东京吉祥寺"VAMOS"学校的老师。

在中学入学考试中，我们班第一志愿合格率达到 70% 以上；大学入学考试中，早稻田大学、庆应义塾大学以及医学、口腔医学、药学等相关专业的合格率达到 80% 以上。

其实，我们的理念还有一个特点，就是不举办入学考试。这一点也引发了诸多关注。

为什么不举行入学考试呢？

这是因为，我们相信任何孩子都具有"成长的可能性"。

这个初心，我们至今从未改变。

如果不举行入学考试，那么来这里学习的孩子们不仅学习水平不同，甚至连性格、想法等各个方面都有所差异。毕竟每个孩子成长的环境不同，存在差异是理所当然的。

在与这些个性丰富的孩子们相处的过程中，我们明白了一件事。那就是，确实有些孩子更容易发挥自己的能力，也更容易取得成果。

"潜力"要在家庭中培养

通常在孩子们入学前，我们都会与家长进行面谈。

我们从"考试培训师"的立场出发，迄今已访谈过2000多名家长。

凭借这些经验，我们只要与家长交流约30分钟，就能大致了解家长的想法、对待孩子的态度，以及与孩子的亲密程度，等等。

即使不详细询问，也能清晰描绘出这个家庭的状况。

事实上，这个家庭的孩子将来有多大的成长空间，在某种程度上可以预测出来。

那些相信"这孩子有希望"的家长，不管他们的孩子入学时成绩多么差,也能逐渐取得进步,最终有可能考上以东京大学为首的名校。

那么,"有潜力"的孩子是什么样呢?

就是为自己将来的"潜力"做好充分准备的孩子。

"成长潜力"也可以理解为成长空间,或是未来的可能性。

做好准备的孩子,只需要一个契机,他们的成绩就可以得到突飞猛进的提高。

而家庭正是培育孩子们潜力的场所。

成为东京大学的学生不难?

我们的很多老师来自东京大学(简称"东大"),既有东大毕业生,也有东大在校生。

当然,我们并非因为他们是东大的就直接录用。

一方面,我们要考察他们对于考试科目的理解能力和教学能力;另一方面,我们更看重他们是否具备人格魅力,这也是一项重要的判断标准。并且从这些最终被录用的人身上,我们能明显感觉出家庭对他们成长潜力的培养。

这些老师的共通点并不是家长们的学历有多高，或是家长们在教育方面投入了多少金钱，而是家长培育孩子基本人格的方式。家长只要有了这种态度和方式，把自己的孩子送进东大绝不是什么困难的事情。

"不不不，出身决定一切，麻雀飞上枝头也变不了凤凰，不管再怎么改变习惯，我家的孩子也绝对不可能考上东京大学！"

各位家长有没有这样的想法呢？

当然，确实有孩子依靠天才般的头脑考上东京大学。但这些孩子只占3%左右。

也就是说，在录取的3000名学生里，只有大约100个这样的人，而剩下的2900人，都是通过后天的培养而发挥出最大潜力考入东大。

这些孩子都不是拥有特殊才能的天才。

这么想的话，我们只需要以成为这2900人中的一人为目标即可，也就是说，即便是普通的孩子，也有充分的机会考上东大。

考上东大确实是有难度的。

但它并非是无法逾越的大山，相反，我认为它比世人想象的更触手可及。

习惯能改变家长和孩子的意识

要想提高学习成绩,最需要付出努力的是孩子自己,这点毋庸置疑。

但是,家长需要为孩子创造努力的环境。

在本书中,我们采访了考上东大的孩子们的父母,也采访了来自东大的老师,通过对采访结果进行分析,发现培养出名校生的家长们的共通点,也就是家长们的习惯。

一听到"习惯"这个词,可能有人会说,那是不是需要改变对待孩子的态度和思考方式呢?

在本书中,确实有一部分会介绍上述内容。然而书中的部分内容与家长们现有的想法可能大相径庭。

不过,只要有一项内容能够引起家长们的关注……

我希望家长们可以先从模仿那个好习惯开始。

即便开始抱着半信半疑的态度,只要改变自己的习惯,孩子也会马上跟着改变。看到孩子改变后,家长们的态度和想法自然会随之变化。而孩子们能敏锐地捕捉到这些改变,进而加速成长。

这也是我作为老师的深刻体会。

最后,如果本书能在家长充分激发孩子们潜能的过程中有所帮助,那么作为本书的作者,没有比这更令人喜悦的事情了。

富永雄辅

目 录

第 1 章　培养孩子自信的 4 个习惯

习惯 1　学会在任何情况下表扬孩子 ……………………………… 002

　　成长快的孩子，父母都擅长表扬

　　怎么看待考 60 分？

　　成绩进步 10 分就有自信的孩子 VS 没自信的孩子

　　根据孩子满意的程度进行表扬

习惯 2　将擅长的优势发挥到底 …………………………………… 008

　　勉强克服不擅长的事情并不快乐

　　有信心后成绩很快就会提升

　　掌握孩子擅长和不擅长的事情

　　最容易提升成绩的是哪个科目？

| 习惯 3 | **在家庭中"决胜负"** 013

东大的学生都是好胜心强的人

回避竞争的孩子们

在家庭中创造胜负的氛围

| 习惯 4 | **让孩子经历失败的痛苦** 018

不服输的孩子会思考"取胜战略"

充分积累失败的经验

要留意"失败了也不在乎"的孩子

第2章 帮助孩子自立的 6 个习惯

| 习惯 5 | **重视泡澡的时间** 024

让孩子"想去东大"而非"被父母要求去东大"

真正的自立可以在家庭中培养

让孩子做自己力所能及的事情

在浴室培养孩子的自立意识

习惯 6　说"我开动了"之前，让他先做点事情 029

为什么说准备饭菜很重要？

不会准备的孩子不会学习

做饭时问"为什么"

习惯 7　让孩子自己选择图书 033

培育东大学生的父母不会替孩子选书

想让孩子读书，就让他自己挑书

不管什么书都买给孩子

习惯 8　让孩子决定假期的安排 037

回答"什么都行"的孩子

自己决定做的事情更有干劲儿

训练孩子一年做 50 次决定

习惯 9　不必让孩子远离电视和漫画 042

没有梦想的孩子们

电视和漫画是梦想的宝库

确立规则后再让孩子享受

习惯 10　不为孩子取得的成果或喜或忧......046

　　父母不应该成为主角

　　孩子的人生和父母的人生各自独立

　　"为了取悦他人"这样的动机不会持久

　　在网络上发表孩子成功考上某校的父母

第 3 章　培养孩子潜能的 6 个习惯

习惯 11　巧妙转换孩子的情绪......052

　　成长快的孩子不会受到情绪影响

　　母亲的一句话瞬间改变了孩子

　　"魔法"并非对任何人都有效

　　最需要"魔法语言"的时期

习惯 12　不过分表扬孩子......057

　　要注意不要过分表扬

　　80 分提高到 85 分，应该如何表扬

　　"还没到终点"的观念

习惯 13　孩子上小学的时候让他一个人旅行 061

考上东大的孩子能挑战危机

故意把孩子放到"严酷"的环境中

旅行能让孩子成长

习惯 14　不勉强孩子 100% 理解知识 067

先确保孩子掌握整体知识的 60%

父母一句"不会也没关系",能让孩子集中注意力

必定存在"学不会的知识点"

习惯 15　不勉强孩子改正缺点 072

对孩子的缺点一笑而过

与缺点和平共处

容易丢东西和忘东西的孩子

你注意到孩子的缺点了吗?

习惯 16　父亲应退一步守护孩子 078

即使是夫妻之间也难以意见统一

一个好的家庭由母亲主导

把孩子当作下属对待的父亲

第4章 培养孩子毅力的4个习惯

| 习惯 17 | 不要在意考试排名或偏差值 .... 084 |

考上东大的孩子不在意周围人的看法

竞争对手是自己

排名和偏差值只是大致的目标

关注可以反映努力程度的数值

| 习惯 18 | 不要求孩子写日记 .... 090 |

不给孩子留下"坚持 = 辛苦"的印象

做不同的习题让学习产生变化

让孩子坚持下去是最重要的

| 习惯 19 | 让孩子接触"真实" .... 095 |

孩子能通过接触"真实"而成长

中学时期是梦想热情退却的时期

东大学生并非特殊的存在

习惯 20　任何事都让孩子自己做决定 100

　　背负父母的梦想与目标的孩子

　　自身的意志不足则无法坚持

　　对自己的选择负责

第5章　提高孩子注意力的5个习惯

习惯 21　让孩子集中注意力"5分钟" 106

　　拖拖拉拉1小时不如集中注意力5分钟

　　小学高年级遇到的壁垒

习惯 22　重视速度和基础 110

　　手越能活动起来，越能集中注意力

　　让孩子一直做简单的题目

习惯 23　悠闲地度过周末 113

　　越是成长快的孩子越需要"休息"

　　长时间努力的孩子无法集中注意力

孩子感受到的学习压力

只依靠"开心"是无法坚持的

习惯 24　创造一个尽情玩游戏的日子 119

沉迷的经历也对学习有所帮助

关注孩子专注于游戏的母亲

习惯 25　让孩子在家人的视线范围内学习 123

不要让孩子在自己的房间里学习

将客厅作为学习的场所

学习的时候别让孩子看表

第 6 章　正确批评孩子的 4 个习惯

习惯 26　让孩子好好解释 130

利用父母的威严但不动怒

批评是一种沟通

听完孩子的解释

无法接受心烦意乱的感觉

习惯 27 成绩不好也不必批评 136

孩子有做不到的事情是理所当然的

不要对一次考试的结果或喜或忧

是能力不足,还是不够努力?

习惯 28 有时反而需要带着情绪批评 140

孩子是感性的动物

孩子回应的是父母的眼泪

习惯 29 做人方面的错误要彻底批评 144

希望老师一起批评孩子的父母

为什么要与第三人一起批评

第 7 章 提高孩子成绩的 5 个习惯

习惯 30 珍惜 10 分钟的碎片时间 150

保证学习时间"共计 2 小时"

让 10 分钟变成有意义的时间

做不完就不删除的待办清单

因为时间短，所以能专注

习惯 31　在家中多做布置 155

沙发旁放智能手机的理由

在冰箱门上贴成语

在必定会拿的东西上"布置"

习惯 32　不因成绩的起伏而或喜或忧 160

成绩下降的意外理由

能预测孩子成绩变化的父母

孩子的实力是 5 次考试成绩的平均值

习惯 33　模拟考试不用复习 164

自我评价过高的危险

在考试前一年确定便当

总会有解答不出的题目

习惯 34　从容地面对孩子 ································· 168

　　把东京大学作为志愿学校

　　考试不是战争

　　中考失败，却考上东大的孩子

　　与孩子保持同样的步调前进

结　语 ·· 175

第 1 章

培养孩子自信的
4 个习惯

习惯 1 学会在任何情况下表扬孩子

 成长快的孩子,父母都擅长表扬

培养东大学生的父母,几乎毫无例外都擅长表扬。

有的人可能会说:"那当然是因为孩子优秀,肯定有很多地方值得表扬",但事实并非如此。

因为这些家长都不会只表扬孩子的学习成绩,所以我觉得家长对表扬本身的看法存在差异。

我也问了东大学生,他们说,即便自己搞恶作剧或者做了一些通常会惹父母生气的事情,也几乎没有被父母训斥的记忆。比如涂鸦。

一位东大的学生讲了一个故事。

他和弟弟在房间里玩耍,一时兴起开始在房间的墙壁上涂鸦，结果被妈妈发现了。他们俩都已经做好被骂的思想准备，结果妈妈却说："啊，画得挺不错的嘛。你这孩子，是不是有绘画天分啊？"

他当时虽然有些不知所措，但正是因为那句话让他对自己的绘画有了自信。

如果不分青红皂白地上来就训斥："为什么在这种地方乱涂乱画！"这样的做法虽然简单，但是话到嘴边忍住不说，先试着观察一下孩子的反应，想要说的话就会发生改变。

看见孩子早上因为睡懒觉急急忙忙地跑去上学时，比起责备他："谁让你这么晚睡的"，不如跟他说："只要你想，10分钟内就能做好准备吧"，或许就会让他产生"自己能够做到"的想法。

虽然看起来这么说有点讽刺的意味，但孩子不会这么认为。相反，他们能完全接受，并建立起自信心。

我认为，**从孩子小时候开始，关注他各方面的行为，并持续性地给予表扬是非常重要的。**

据说，现在不仅仅是孩子，没有"自我肯定感"的成年人也越来越多了。

自我肯定感是指感到自己是十分重要的、不可替代的

存在，是一种积极接受自己的心态。如果没有这种心态，就无法培养出生而为人原本的自信。

那些平时在不经意间受到表扬的孩子，通常能自然而然地获得自我肯定感。

有"潜力"的孩子，不管是否表现出"自我肯定感"，都具备一种"只要我做了就一定能行"的强大自信。

怎么看待考60分？

在相同的分数面前，成长快的孩子的父母与成长慢的孩子的父母，他们的看法截然不同。

假设孩子的考试成绩是60分。

成长快的孩子的父母，只会单纯地关注到孩子"取得了60分"，所以在这种家庭下长大的孩子，从来不会为成绩不好挨骂而烦恼。

可能他们的家长也接受孩子"考了60分"这一事实。

因此，这些孩子会想"我还能做的事""成绩可以更好"，主动设定下次考70分的目标，并自然而然地朝着这个目标前进。

相反，越是成长慢的孩子，他们的父母越是在意没能获得的 40 分。

他们完全看不到孩子取得的 60 分成绩，只会一味地寻找孩子不行的理由，为什么不行、哪里不行、为什么丢了 40 分，等等。

于是孩子会拼命努力去挽回这扣掉的 40 分。

成绩进步 10 分就有自信的孩子 VS 没自信的孩子

在下一次考试可能两个孩子都考到了 70 分。

虽然成绩都是 70 分，但从结果来看取得了巨大进步的却是前者，也就是"被家长接受考了 60 分"的孩子。

你明白差别在哪里吗？

关键在于自信。

从 60 分提高到 70 分的孩子，因为提高的 10 分而获得自信。而且与考 60 分时相比，自己获得多 10 分的表扬，就产生了下次再提高 10 分的意愿。

而努力挽回扣掉的 40 分的孩子，尽管分数也提升了 10 分，却不会意识到自己的进步。

为什么呢？

因为他们学习的动力是"不想被父母训斥"。

同时,由于他们的父母只关注孩子不足的地方,所以尽管孩子好不容易考到了 70 分,他们又开始在意剩下的 30 分。

但是,如果一直被父母批评的话,孩子也不会开心。

他们或许就体会不到"成绩提高了 10 分 = 有进步"这种感觉了吧。

根据孩子满意的程度进行表扬

如果是小学三四年级以上的孩子,父母就不能只根据表面上的分数进行表扬,而是需要**根据孩子的满意程度**。

比如同样是 60 分,如果孩子是尽了全力考到 60 分,他自己的满意程度是 80%,那父母就应该相应地给予 80% 的表扬。

相反,如果本人只有 50% 的满意度,父母就给予他 50% 的表扬。

为此,父母需要退一步冷静地判断孩子的满意度。

培育出东大学生的父母们,都能巧妙地把握好表扬的分寸。

习惯
2　将擅长的优势发挥到底

 勉强克服不擅长的事情并不快乐

是发挥自己的优势,还是克服自己的劣势?

在教育课题中这是经常被讨论的课题。在辅导过这么多的孩子后,我得出的结论是,**让孩子做擅长的事情成绩才会更好。**

难道不是这样吗?擅长的事和不擅长的事,要说哪个更令人开心的话,答案不言而喻。

成年人也是一样。

有的母亲擅长做菜但不擅长打扫卫生,那么对她来说,比起努力打扫卫生,钻研做菜不是更开心吗?

在孩子学习的过程中,即使没有让孩子变得非常热爱学习，只要能让他稍微享受一点学习的快乐，就能提高成绩。从这个意义上说，与其让孩子去克服不擅长的科目，不如进一步提高他原本擅长的科目。

有信心后成绩很快就会提升

举个例子，假设某个孩子比较擅长数学，每次能考 80 分左右，理科和社会科目大概能得 60 分，但是语文很差，尽力也只能拿到 50 分。

面对这种情况，多数父母通常会激励他："你先想想怎么把语文分数提高一点吧！"

但对于孩子来说，因为本身就不擅长语文，学习过程如同修行一般痛苦，而且分数也难提高，学习起来毫无乐趣可言。渐渐地对学习本身感到厌烦起来，也就不足为奇了。

的确，重新审视自己最不擅长的科目，很快就能找到失分的原因。只是对于自己擅长的科目，在原本就有信心的基础上进一步提高分数不是什么难事。而且随着分数的提高，孩子会越来越有信心。

这是提高分数的诀窍。孩子感受到学习的乐趣，就是这样一个过程。

等孩子稍微感受到学习的乐趣后,下一步就是挑战提高有点擅长的理科和社会科目的分数了。

这时因为具备有点擅长这一优势,很快就能提高10分。只要孩子拥有了"自己能行"的信心,加上一点提高分数的技巧,慢慢去挑战自己不擅长的科目就可以了。

语文从50分提高到60分可能需要下点功夫,但因为成功的瞬间就会让孩子获得自信,所以提高下一个10分变得更简单。

打个比方,**擅长的科目好比一道缓坡,有点擅长的科目犹如坡度稍陡的缓坡,不擅长的科目就是陡峭的斜坡。**如果上来就爬陡峭的斜坡,还没开始说不定就灰心放弃了。但如果从缓坡开始往上爬的话,即使中途坡度变陡,也想要继续尝试攀爬。

掌握孩子擅长和不擅长的事情

曾经有个刚升小学六年级准备中学入学考试的孩子,

刚开始他的数学的偏差值①是 60,语文的偏差值是 30。

在做入学面谈时,他的母亲说:"**一开始的目标我希望把他数学的偏差值提高到 70。**"当我听完这句话,就能确定这个孩子一定可以提高成绩,于是在征求他母亲同意后,在第一个月里,我们重点关注他的数学。

结果,一个月后他数学达到 70 的目标,在他本人建立起自信后,紧接着我们采取了针对其他科目每次一科的提高策略。

开始攻克语文是在考试前 4 个月的时候,那时他已经完全进入学习状态,我印象中他没花多少功夫就把语文的偏差值提高到了 60。

最后,他成功考上了第一志愿中学。

然而,不能正确地把握孩子擅长和不擅长的事的父母并不少见,倒不如说这样的父母更多一些吧。

孩子是否擅长这个科目,光靠表面数字很难判断,也会存在孩子虽然喜欢却不擅长,以及虽然擅长却得分不高的情况。

---

① 在日本,偏差值被看做学习水平的正确反映,用来测量考试的合格可能性,反映的是每个人在所有考生中的水准顺位。

对于父母来说，不根据印象随意判断，分清孩子的喜好和优势，是培养孩子时不可或缺的能力。

最容易提升成绩的是哪个科目？

这句话仅供参考，**我认为最容易提高成绩的科目是数学。**

我经常听到父母说："我们家的孩子没有数学天赋"，但即使是东大的入学考试，也只有高难度的问题才会考验"天赋"。

在中学入学考试中，唯一感觉需要天赋的是个别学校（开成中学和滩中学校）的入学考试，其他学校完全达不到需要用天赋的难度。

如果记住计算以及短问题的解决方法，掌握解题思路并勤加练习，提高分数并不难。

总之，我认为如果想让孩子尽快取得进步，让他更有信心的话，可能刚开始会有些吃力，但先从数学着手是一个可行的方法。

习惯 3 在家庭中"决胜负"

东大的学生都是好胜心强的人

我身边有很多老师都是毕业于东大的学生。

看到他们,**我最佩服的是他们对于"胜负"的渴望**。

不管是多小的事情,他们都想要分出胜负。

从负责的学生成绩到自己的阅读量,甚至玩的手游分数,任何事情总要跟别人比一比,赢了就高兴,输了则懊恼不已。

总之,喜欢跟别人决胜负是东大学生的共同特征。

首先,肯定没有把东大作为保底学校的人,从某种意义上来说,这种现象或许是理所当然的。

只有那些喜欢决胜负的人才会去挑战东大，才会不断取胜。

回避竞争的孩子们

东大学生的好胜心如此明显，这是有理由的。

最近的孩子们都有一种尽可能回避竞争的倾向。

入学考试也是如此，以前还有挑战比自己实力高的学校，即所谓的"废柴精神"，但现在的情况大不相同。

就连选择志愿学校的时候，也会为了回避竞争而甘愿选择水平低一等的舒适圈。

近几年的孩子们都有这种倾向。

实际上，如果关注考试动态，就能发现越是难考的学校，录取率每年都在降低。

很多孩子回避竞争，或许是因为他们不**了解竞争带来的乐趣**。

与他人竞争的乐趣，通过多次胜负体验后才能感受到。

也就是说，那些不了解竞争乐趣的孩子，原本就缺乏竞争的经历。

相反，那些了解其中乐趣的孩子才会与别人竞争。

因此，在大多数孩子都趋向回避竞争的情况下，好胜心强会成为一种很大的优势。

在家庭中创造胜负的氛围

朋友之间互相竞争当然可以，如果同吃同住的家人中也存在"竞争对手"的话，就能近距离感受到胜负的氛围了。

当最信任的父母和兄弟姐妹成为竞争对手，这样的环境对孩子来说不正是一种良好的刺激吗？

在家人团聚的时候，经常一起玩智力游戏、打扑克，或者玩黑白棋之类的游戏，但这样偶尔玩乐的程度还无法体会到胜负的乐趣。

因此，重要的是在日常生活中，用与游戏不同的方式制造胜负的机会。

比如比赛谁先到车站，谁先整理完，谁先做好外出的准备等等，不论大小的事情都分出胜负，排出顺序。

这样的家庭氛围才能培养出享受比赛乐趣（好胜心强）的孩子。

有位东大学生曾说过，小时候他会跟家人比赛早上谁

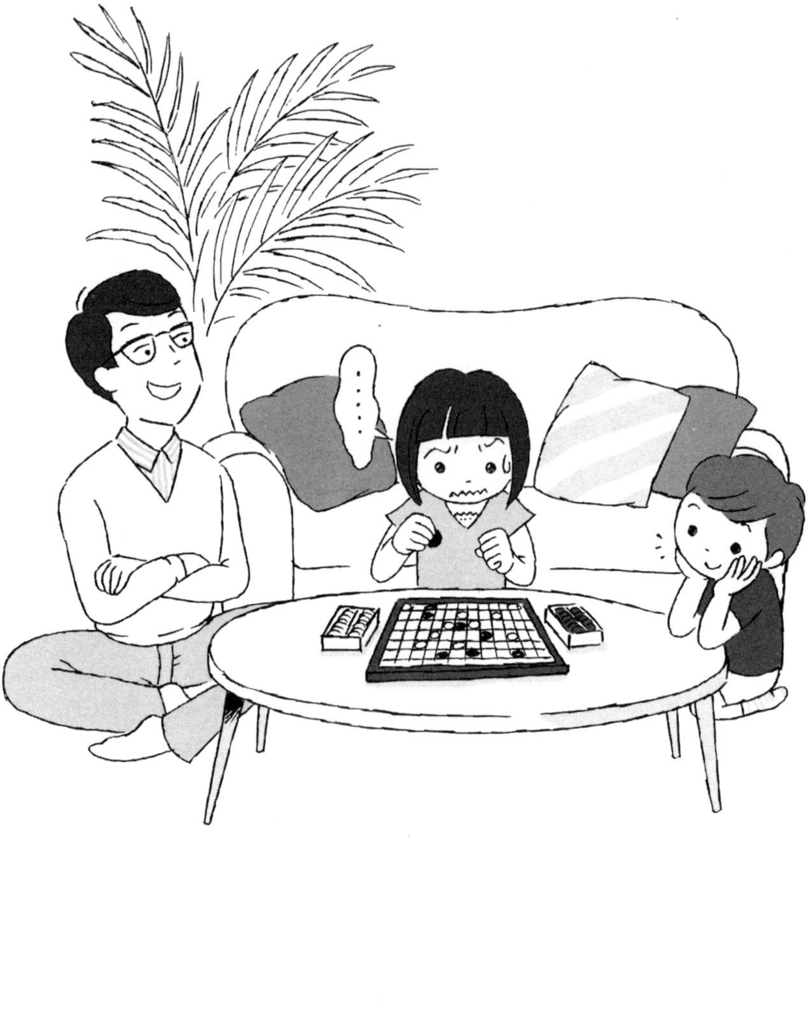

穿衣服最快。另一个在小学六年级用一年时间将偏差值提高 30 的同学说，跟父亲猜与棒球相关的谜语是他每天的活动。

也许有人会认为，那不如比速算或者抄写汉字，更能锻炼头脑，岂不是一举两得？

当然，这么做也不能说不好，但我们的目的是要让孩子感受到"胜负"的乐趣。

因为孩子不喜欢学习，所以在学习中发现竞争的乐趣有些困难。

从这个意义上说，还是更建议在日常生活、游戏或者运动中体验"胜负"。

需要注意的是，应该避免双方实力差距过大的情况。

有的人可能会说"我让步不就好了"，但这样孩子不会真正地感受到"我赢了！"的喜悦。而像黑白棋那种，**让孩子依靠努力也能取胜的比赛会更好**。

如果自己尝试了很多次仍然赢不了父亲和哥哥，便会查阅攻略，思考战略，或者不断地努力以取得"胜利"。

孩子的潜力不可小觑，稍微改变一下方法，有时轻易就可以打败成年人。正是有了这样的经验，孩子才会越来越自信。

习惯 4　让孩子经历失败的痛苦

不服输的孩子会思考"取胜战略"

上一篇提到"胜负"的重要性,有潜力的孩子总体来说都是不服输的。尤其是东大的学生,他们是终极"不服输"的团体。

他们之所以不考早稻田大学、庆应大学,也不考京都大学或一桥大学,而选择东大,正是因为他们有想在日本排名第一的大学学习的强烈自尊心。

我问过经验丰富的老师,他说越是成绩好的班级,因为考试没考好而难过想哭的学生越多。就连我们班也有"爱哭鬼而成绩好"的孩子。

不服输的孩子,是懂得"胜利"和"成功"喜悦的孩子，同时也是尝过"失败"痛苦的孩子。

即使是东大的学生也并非一路获胜考上东大，而是他们比任何人都经历了更多"失败的痛苦"，所以才能最终成为东大的学生。

他们为了不再品尝失败的滋味，会想方设法地思考各种方式。

他们通常经历了以下的过程。

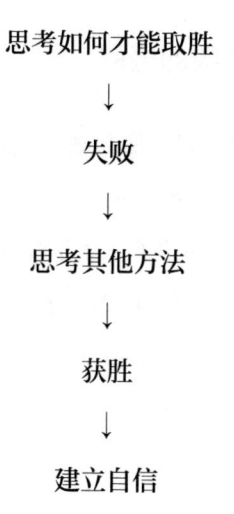

思考如何才能取胜
↓
失败
↓
思考其他方法
↓
获胜
↓
建立自信

只有经历过多次以上的过程，才能体会到"即使失败也能靠战略取胜""失败并不代表结束"。

不服输的孩子，在失败（遇到解决不了的难题）的瞬间会思考如何克服。

要么去问问那位老师，读读那本参考书就懂了，学学这个吧，他们会像这样思考如何将"失败"转化为"成功"。

其实只要养成这个习惯，提高成绩就很简单了。

充分积累失败的经验

前面提到的那些"不愿与别人一决胜负"的孩子，其中有些孩子过度害怕失败。

我想这些孩子一定没有积累足够的失败经验吧。

我并不建议父母因为担心孩子，在跟孩子做游戏时故意手下留情，或者不让孩子参与他可能会输的比赛。

因为这会剥夺孩子"失败"的可能性，只会教育出害怕失败的孩子。

或许有的父母为了帮助孩子增强信心，或者担心孩子自卑，而故意这么做。

但是，对于没有经历过失败，或者没有体验过转败为胜的孩子来说，失败对他们而言是一件糟糕、负面的事情。

他们不知道，即使失败了，也可以恢复信心。

于是他们变得越来越害怕失败，更不敢参与胜负的过程。

这样是不会拥有自信的。

重要的是，**让孩子充分积累失败的经验，同时让他深刻体会并接受失败的痛苦**。然后，让他思考接下来应该采取什么行动来克服这种痛苦。

即使这时候孩子因为痛苦而哭出来了，也不该训斥或者轻视他。

要留意"失败了也不在乎"的孩子

最近好像有很多孩子觉得失败了也没关系。

从积极的方面来看，可能会认为他们心态好。但是这些孩子可能需要特别留意，因为他们在关键时刻会放弃坚持而选择逃跑。

即使他们没有取胜，也没有必要去责怪或批评他，但如果他们对失败完全不在意，就必须让他们体会失败后的危机感。

　　对那些失败了也不在意的孩子，可以先让他们积累转败为胜的成功经验。如果这样能让他们感受到成功的喜悦，孩子的意识也会慢慢改变。

第 2 章

帮助孩子自立的
6 个习惯

习惯 5 　重视泡澡的时间

让孩子"想去东大"而非"被父母要求去东大"

如果孩子具备目标意识,不受周围环境的影响,自己能主动学习进步……这应该是每个父母共同的愿望吧。

其实,孩子如果能拥有"不为别人而为自己学习(考试)"的意识,就能提高成绩。那些自己"想去东大",而不是"被父母要求去东大"的孩子,成为东大学生的概率更高。

不仅是学习方面,懂得"自己思考,自己解决问题"的孩子,在任何领域都能快速成长。

"自立"不仅是家长应关注的方面,对于老师也是一个永恒的课题。

真正的自立可以在家庭中培养

有人曾断言，"如果少年足球队行李收拾得越整齐，他们的实力就越强"。他的意思是，那些背包都整整齐齐排成一排的孩子，应该都很自立吧。

不过，这样的队伍中通常会有一位严厉的教练。如果队员脱下衣服不收拾，或者背包拉链不拉，就会被严厉地训斥一顿。

孩子只是因为怕教练，或者规矩太严才自己收拾行李。

如果这时家长说："他也就在队里收拾衣服，在家里还是邋邋遢遢的"，那很有可能这孩子的自立只是为了表现给别人看。

另外，可能很多家长认为孩子离开父母到学校宿舍里就能生活自立了吧。但有时候纪律越严格，反而越会阻碍孩子自立。

毕业从宿舍里搬出来的瞬间，由于从严格的规定中解放出来，无法约束自己，好不容易考上了东大，结果每年留级，最后甚至被退学……出乎意料的是，这样的例子不在少数。如果那些孩子是真正的自立，不管周围环境如何改变，都不会失去自立的意识。

自立的意识原本就不是依靠强制或者惩罚的措施来培养的。

　　我觉得孩子若只是在严格要求的环境中被迫行动起来，那就不是真正自立。

　　让孩子学会自立，要在家庭中培养。在想撒娇就能撒娇的环境中培养出来的，才是真正意义上的自立。

让孩子做自己力所能及的事情

　　在家庭中培养孩子的自立意识，并不是让孩子做困难的事情。

　　只需让他做在他这个年龄段理应做到的事即可。你可能会想："啊，这样就可以了吗？"

　　其实仍然有很多家庭无法做到让孩子自己准备需要的东西、自己收拾物品，不让孩子做他应该做的事情，而且这种家庭十分常见。

　　越是这样的家庭，父母越是因孩子不能自立而烦恼，强行将孩子扔到严格的环境中去。

　　这样是不会成功的。

　　宽松和严格需要并存。

这才是那些培养出真正自立的孩子的家庭的共同特征。

在浴室培养孩子的自立意识

对于孩子来说，家庭就是比其他任何地方都能让人放松的场所吧。

我也问过从东大毕业的老师，说"我的父母是很严厉的人"只是少数。

即使这样，他们也学会了自立。

那是因为父母在家里营造了轻松氛围的基础上，再有效地利用严格要求来调和。

在孩子还小的时候，亲子泡澡时间尤为珍贵。泡澡的时候，身心最放松，这个时候最适合培养自立意识。因为此时孩子内心放松，更容易接受严格的要求。

孩子泡澡的时候就让他尽情地撒娇好了。

但同时要求他自己清洗身体，毛巾和肥皂等物品用过之后都放回原位。这样多次重复后，在其他事情上他也能自己的事情自己做。

对于父母来说，这不也是一个学习在宠爱和严厉之间平衡切换的好机会吗？

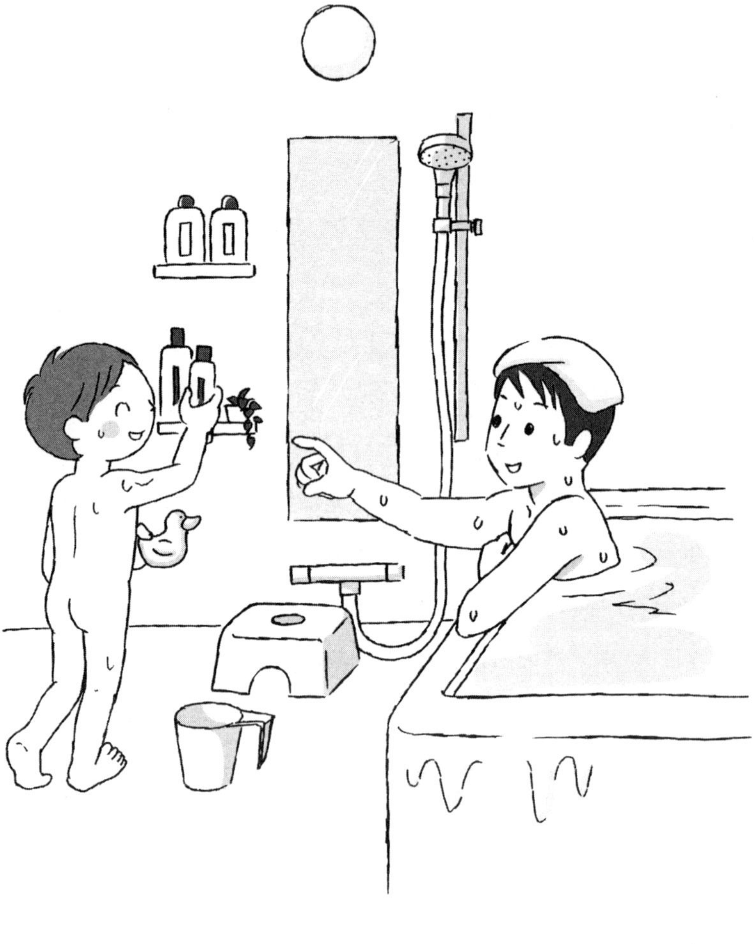

习惯 6 | 说"我开动了"之前，让他先做点事情

为什么说准备饭菜很重要？

据说最近小学里，有很多孩子无法独立完成配餐前的准备工作，很多老师看不下去就帮他们做了。

这说明，在妈妈准备晚饭时，不去帮忙准备碗筷的孩子越来越多。

那些不帮忙准备碗筷的孩子，成绩是不会提高的。

实际上，我也问了一下那些成绩提高的孩子在家里都会帮父母做些什么，他们的回答中一定会提到帮忙做餐前的准备工作。

让孩子帮忙，是让他自己判断事情，并感受在家庭中

的自我存在价值，而准备饭菜又有着特殊的意义。

因为它可以教会孩子明白做准备的重要性。

收拾桌子上的物品，用抹布擦桌子，确认今天的菜单，摆放相应的餐具，在家人坐下来之前先盛好饭……

每一个动作看起来简单，但是没有做好的话，就会发生盘子不够用、吃到一半需要用叉子、酱料没拿过来这类"小失误"，而每次发现"小失误"的时候家人都会表现出"不满"情绪吧。

一开始孩子可能会对自己的错误感到迷惑，之后便会慢慢积累经验，逐渐变得熟练起来。

不会准备的孩子不会学习

孩子的自立能力与会否做准备存在很大的相关性。

如果开始准备得不充分，那么就无法踏实地完成之后的工作。

在实际生活中，那些快速成长的孩子，会在上课开始前 5 分钟上好卫生间，然后回到座位准备上课。

而有的孩子直到快上课了才急匆匆地去，或者在上课过程中去上厕所，直到开始上课，他们往往是文具还没拿出来。

不仅如此,他们的文具盒里常常没有橡皮或直尺,他们总是慌慌张张、静不下心来,上课的时候也无法集中注意力。

无法做好准备的孩子,即使其他孩子度过了同样的时间,他们的学习质量也会远远落后于其他人。而学习质量对于提高学习能力有很大影响,所以他们的成绩无法得到提高。

因此,懂得提前做好准备,有助于提高学习质量。

孩子做好上课前的准备,**证明他们从准备阶段开始就想象自身处于学习的状态**。这是孩子主动学习的第一步,有了这一步,即使现在无法取得理想的分数,之后提高分数也只是时间问题。

做饭时问"为什么"

此外,在做饭前准备时,如果时间充裕,也可以让孩子积极参与做饭的过程。

比如问他为什么切土豆的时候菜刀上会有白色的东西?为什么切洋葱的时候会流眼泪?在做饭的时候,不停地会出现"为什么"。**做饭很适合让孩子增长知识、扩大兴趣和提高思考能力。**

最近的试题也倾向于从多角度考察孩子的思维，以及孩子基于生活实际的思考能力。从这个意义上说，吃饭之前让孩子帮忙准备，是一个很好的习惯。

习惯 7 让孩子自己选择图书

培育东大学生的父母不会替孩子选书

读书多的孩子学习能力强,这是个公认的事实。

很多东大的学生都是爱读书的人。

我身边从东大毕业的老师,他们的书包里也总是放着书。

他们强烈地希望从书中获取知识,不分类型、体裁,阅读各种各样的书籍。另外,他们从小就在被书本围绕的环境中长大。

意外的是,他们的父母基本没有为他们推荐过书籍,**"小的时候光读自己想看的书了"**,这样的人占了大多数。

此外,虽然有很多家长咨询我们:"应该给孩子看什么书好呢？"但那些培养出东大学生的父母，来咨询时基本不会问这类问题。

看来东大学生的父母并不像人们认为的那样，热衷于自己给孩子选择书。

即便如此，东大学生和成长快的孩子都经常阅读。

这是为什么呢？

想让孩子读书，就让他自己挑书

成长快的孩子看的书不是别人给的，而是他们自己挑选的。

拼命想让孩子读书的家长，会给孩子买很多书，但他们挑选的书本都参考了自己或者别人的价值观。

当然，父母选书时都是希望让孩子阅读好书，不过孩子可能对按照他人的价值观挑选的书并不感兴趣。

即使是法布尔的《昆虫记》《西顿动物故事》这样的名著，对昆虫和动物不感兴趣的孩子读起来也不容易理解。成年人也一样，如果是与自己年龄、价值观不一样的人推荐一本书让自己读，恐怕也很难产生兴趣。除非是本身就喜欢读书的人才会读吧。

如果希望孩子读书，就不应给他选择书，而应该**让孩子挑选自己想读的书**。东大的学生并非原本就喜欢阅读，而是因为小的时候能挑选想看的书，才变得喜欢读书。

对于亲自挑选的东西，无论是谁都会用心对待。好比自己喜欢的衣服，希望每天都穿，但如果是按照父母的喜好买的衣服，穿的兴致就不那么强烈。书也是同样的道理。

不管什么书都买给孩子

带孩子去书店的时候，就让他自由地选择吧。

对于他挑到的书，即使不是名著（在父母看来很无聊的书也好），也请买下来给他吧，选了漫画也没关系。那本书的主题，就是孩子最感兴趣的内容。

孩子感兴趣，就能单纯地享受阅读的乐趣。从书本中读到的内容，可以引导他对其他领域产生兴趣和关注。不久后，孩子便会萌生想要学点什么的念头，也就是说会产生学习的动力。

书店是一个可以扩大孩子可能性的地方，如果父母随意地按照自己的想法给孩子买书的话，不就是在缩小这种可能性吗？

即使孩子还在上小学低年级,自己一个人无法挑选书,也应当为他准备选项。而且不是从 3 本或 5 本中选,应该让他从至少 20 本书中进行选择。

孩子慢慢长大,选择的书也会发生变化。把他从小到大挑选的书都摆在书架上,**就形成了他自己的成长轨迹**。这也是读书的乐趣之一。

习惯 8 让孩子决定假期的安排

回答"什么都行"的孩子

在和家长提到"让孩子自己挑书"的话题时,经常能听到家长说:"我们家的孩子不擅长自己做决定,不管问他什么,他只会回答'都行''什么都可以'……"

最近几年,有越来越多的孩子表现出这种倾向。这类孩子的家庭都有一个共同特点,那就是假期都在父母的安排下度过。

要么去父亲喜欢的地方或者母亲想去的地方,要么是父母努力寻找适合孩子去的地方,然后带孩子去。

大多数家庭都是这样度过假期的。

这种方式对于孩子来说完全是被动的。如果一直听从

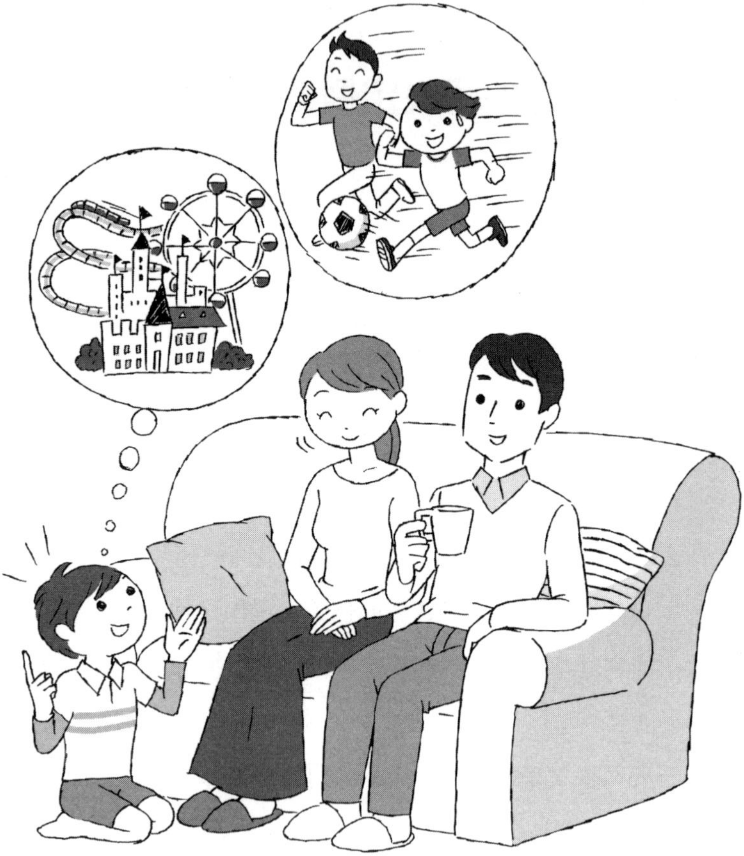

别人的安排，当然找不到自己真正想做的事情。

要让孩子自己决定想做的事情，并思考为此需要怎么去做。

这些只能在经过独立思考并拥有做决定的经验后才能办到。

如果一直走在被安排好的轨道上，孩子必然会变得被动。被动的孩子对待学习也是被动的，需要花费大量的时间，他才会具备主动学习的意识。

由于他直到高考前都只是"被迫"完成学业，自然无法考出好成绩。

自己决定做的事情更有干劲儿

一位三年前考上东大的学生说，他上小学时每个月都有一次机会，只要在预算范围内，他想去的地方父母都会带他去。

每次思考下一次让父母带他去哪里是他的乐趣之一。于是，他经常四处搜集想去的地方或活动的信息。

他回忆道，要是想去的地方感觉会超出预算，就会思考怎么去更便宜，有的时候还会和兄弟一起与父母谈判。

我认为这种方式不仅能培养孩子的自立能力，更能**培养当今社会所需要的"生存能力"**，是一种非常好的教育方式。

这位学生在对比了不同的大学后，自己决定报考东大。

在决定考东大的时候，他当时的成绩并非十分优异，但由于是出于自己的意愿选择的目标院校，想要考上的愿望也更加强烈。

后来他成绩越来越好，最终成功地考上了东大。

训练孩子一年做 50 次决定

每周休息一天的话，每年约有 50 次做决定的机会。

虽然全部让孩子做决定比较困难，但至少给出其中一半的机会让孩子做决定的话，就是很好的锻炼。

在孩子还小的时候，不应只是让他听从大人的安排"就这个吧"，而应当**询问孩子的意愿**。

比如在公园玩的时候，拿出不同的玩具让他选择"想玩哪个呢"？像这样，只要父母有意识地去引导孩子，就能培养孩子做决定的能力。

当然也有孩子不得不配合父母的情况。

这时也不应强制孩子,而是跟孩子说清楚为什么需要去。

重要的是,要耐心地说明这样做的理由。

好好说明的话,孩子就会理解父母。理解之后,他就不会觉得"自己只能听从别人的吩咐"。

习惯 9 | 不必让孩子远离电视和漫画

没有梦想的孩子们

曾经有新闻报道,在某次关于"孩子(调查对象为 6～15 岁)将来最想做的工作"的调查中,排名第一位的是"公司职员"。

听到这个结果,很多人可能会认为:"明明是孩子,却没有梦想啊",相反我认为如果那个孩子有具体的公司名称,具有明确目标的话,也算是一个了不起的梦想。

只是那些回答"公司职员"的孩子中,大多可能是因为自己没什么梦想,所以就这么回答了,这才是现实的情况吧。

不论能否实现,所谓梦想,就是认真地去实现它,这样就能激发自己的动力。

梦想成为职业足球运动员的孩子,和仅仅把足球当作爱好的孩子,两者相比哪个踢足球的动力更高?毫无疑问是前者。

梦想成为职业足球运动员的孩子,即使达不到职业的水准,也会认真对待踢足球这件事。

学习也是如此,能取得巨大进步的,都是那些怀抱远大梦想或是对未来有着清晰规划的孩子。

电视和漫画是梦想的宝库

如果希望提高孩子的能力,那么如何使其清晰地规划目标十分重要。

对于这种情况,电视和漫画就能发挥作用了。

有的孩子看了以医学为背景的电视剧,开始对医生这个职业产生兴趣,也有孩子看过《X计划》《NHK纪录片》《大地的拂晓》等电视节目后,就把其中介绍的职业正式当作自己的目标。

也有很多孩子通过看漫画找到了自己的梦想。有的孩子看完《五岛医生诊疗所》后立志成为医生,有的孩子因

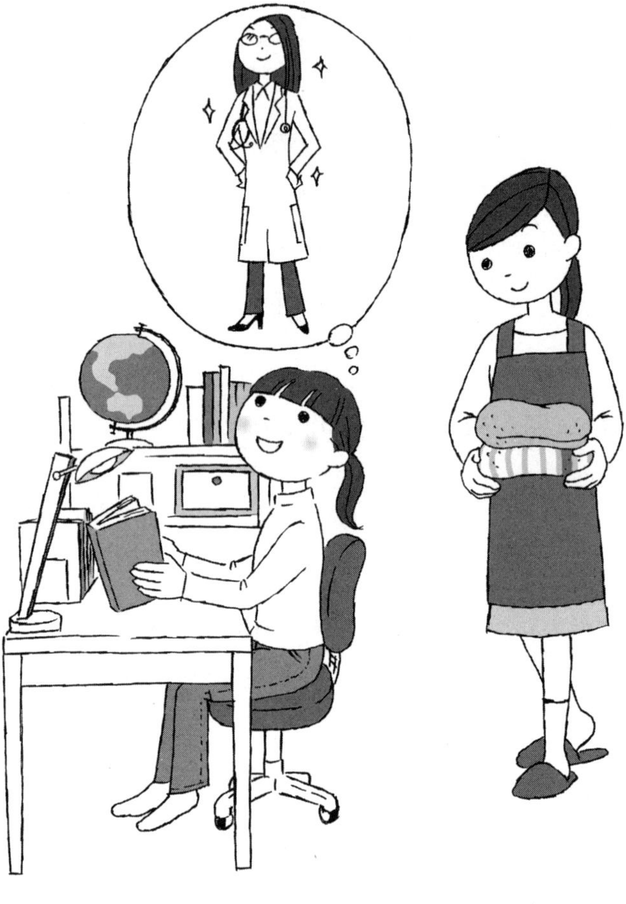

为《宇宙兄弟》而宣布想成为宇航员，还有的孩子在读过《龙樱》之后决定考东大。

近年来电视剧和漫画中的内容不刻意夸张，也没有过于粉饰，而是尽量贴近现实，因此看完后很容易让人觉得自己也能做到。所以，相比用苍白的语言介绍某个职业的魅力，让电视和漫画来影响孩子更有效。

确立规则后再让孩子享受

看电视和漫画容易上瘾，进而影响学习。

持有这种想法的父母不在少数。

但是，现在像类似互联网这类容易让孩子上瘾的东西太多了，很少有孩子沉迷电视剧和漫画。

如果担心孩子上瘾，**父母只需制定一定的规则**。比如"只能在客厅看电视""看漫画的时间为一小时"，制定这样的规则后，父母可以恰当地控制，避免孩子上瘾。

电视也好，漫画也好，无须一开始就将其视为有害的。在父母和孩子互相约定好的基础上，让孩子再看吧。

习惯 10 | 不为孩子取得的成果或喜或忧

父母不应该成为主角

我不是很喜欢"把孩子送进东大的父母"这种说法。

因为"培养出东大学生"的虽然是父母,但"考上东大"的是孩子。

当然,也有"中考是父母的考试"这样的说法,但即便如此,**主角也是孩子**。我认为,父母应该谨记自己只是配角。

如果父母"喧宾夺主",孩子就会过分在意父母的看法,在自己行动之前,总要确认是否会受到父母表扬、是否惹父母生气,不然就无法采取行动,结果形成只为得到表扬而学习，避免挨批评而学习的思维模式。这样当然无法培养孩子的自立能力。

孩子的人生和父母的人生各自独立

和培养出东大孩子的父母聊天时，他们言语中都透露出："孩子自己随随便便就长大了。"

很多人认为，能考上东大的孩子，肯定不是随便培养的，但"随便就长大了"也并非谎话。

一言以蔽之，那些感觉自己的孩子"随便就长大了"的父母，都巧妙地把握好与孩子之间的距离。

他们在孩子上学时，自己学点其他东西，不会过分参与孩子的人生，而是把孩子的人生与自己的人生分开考虑。

人们总说，父母应该共同经历孩子的喜悦和烦恼。在某种程度上我也同意这个说法，但父母不应该比身为主角的孩子更开心，或者更烦恼，不然就完全颠倒了主角和配角的顺序。

最近很多爷爷奶奶开始关心孙子、孙女的成绩，所以"主角"有几个人的情况也不少见。这样的话，就分不清到底是为了谁而学习了。

"为了取悦他人"这样的动机不会持久

在学习考试过程中,确实"考个好成绩让父母开心"是很多学生学习的主要动力。但只依靠这个动力,总有一天会陷入停滞不前、筋疲力尽的处境中。

即使最终考上东大,也容易在考上之后失去人生的目标。

"想让××高兴",这种心态是积极健康的。

但是,必须以"为了自己"而学习的信念作为基础。

希望父母注意对孩子的成绩,不要比孩子本人更高兴或更担心。

无论结果好坏,都不要表现出比孩子更大的反应。

只要树立这个意识,就能避免夺走孩子主角的位置。

第 2 章 帮助孩子自立的 6 个习惯　　049

在网络上发表孩子成功考上某校的父母

从"夺去主角位置"的角度看,我不理解那些孩子考取好成绩后特地在网络上发表的父母。

并非不能理解他们为自己的孩子感到骄傲的心情。

但他们有没有考虑过那些成绩没合格的孩子的父母看到后的心情呢?

如果父母认为这种行为是理所当然的话,孩子也会以同样的价值观成长。

"理解他人的痛苦"也是自立的一部分。

如果缺失了这部分的教育,无论考上再好的大学,也不会拥有人格魅力吧。

第 3 章

培养孩子潜能的
6 个习惯

习惯 11 | 巧妙转换孩子的情绪

成长快的孩子不会受到情绪影响

我见过很多孩子（尤其是小学生）后，深深感到与成年人相比，孩子的情绪波动非常大。在大人看来一些微不足道的小事，他们也能欢欣雀跃，或者失落消沉，每天的心情起起伏伏。

虽然也有很多孩子不擅长表达感情，但是我耐心和他们沟通后，发现他们比想象中更生气或更伤心。

成长快的孩子的特征之一是，他们不会让自己受喜怒哀乐等情绪的影响。相反，不擅长控制情绪的孩子，他们的学习成绩也呈现出不稳定的倾向。

能否良好地控制情绪，很大程度上关系到孩子的成绩能否得到提高。

我经常思考,能控制情绪的孩子和不能控制情绪的孩子在教养方式上有什么不同,其中父母是否擅长与孩子沟通是一个重要因素。

母亲的一句话瞬间改变了孩子

有一天,我与一位小学六年级的学生和他的父母进行了面谈。

当时发生了一件事。那个孩子得知模拟考试成绩比预想的差,难过得马上要哭出来了。但坐在旁边的母亲却用明快的声音说道:

"在这个时候经历最糟糕的情况真是太好啦!"

一听到这句话,那孩子的表情马上就改变了。

他明显从消沉的情绪中恢复过来。我也在那一瞬间觉得"啊,已经没事了"。事实上,在那次模拟考试后,他的成绩越来越好,最终顺利考上了志愿学校。

因为模拟考试没考好,孩子心情低落是常有的事,大多数情况是父母也和孩子一样垂头丧气。父母说出来的话也是"你打算怎么办呀?""这样下去的话肯定考不上的呀""真让人头疼啊"这类消极的语言。

还有的人明显地长叹一口气。父母这样的表现，不仅不能转换孩子的情绪，反而会加重消极的心情。

相反，如果孩子在模拟考试中成绩突出，成长快的孩子的父母，不论孩子多么兴奋，他都会故意说："这次只是模拟考试哦"，目的是让他冷静下来。孩子听了以后，便能重新振作精神，不再骄傲自满，朝着原本的目标前进。

"魔法"并非对任何人都有效

成长快的孩子的父母有自己的一套用来转换孩子情绪的"魔法语言"。

但是，他们的魔法语言只对自己的孩子"有魔力"，并非适用于所有人。

在上述例子中，对于考试没考好的情况，有的孩子适合用积极的语言对待结果，有的孩子用"下次还是只有这点分数的话，只能考虑水平低一等的志愿中学了"这样强调危机感的语言，反而能激励他。

有的孩子语言对他没有效果，摸头、牵手、打屁股这类行为对他更有效。还有的孩子被除父母以外的其他人

（老师等）鼓励时，更有干劲儿。

究竟什么样的语言或者行为才对孩子产生魔法般的效果，父母需要通过尝试和试错来发现。

最需要"魔法语言"的时期

最需要使用"魔法语言"或行为的时期，是小学高年级到中学初期的阶段。

这个阶段的孩子要面临小升初考试、从小学升到初中以后课程变难、担心在社团活动中不能成为正式选手等一系列的问题，特别是孩子在学习和运动方面第一次碰壁的时候。

在这个时期到来之前，父母有必要弄清楚什么样的语言可以让孩子情绪高涨，温柔和严厉哪一种方法对孩子更有效，好好观察孩子，找到适合自己孩子的"魔法语言"很重要。

借助父母话语的力量，积累了熟练转换情绪经验的孩子，日后就能轻松地控制情绪。

在本书第1章中我们提到，东大学生正是因为经历失败的痛苦比任何人都多，所以才能考上东大，更进一步说，正是因为他们能熟练地控制情绪,并将失败的痛苦转化为前进的动力,所以才能考上东大。

习惯 12 | 不过分表扬孩子

要注意不要过分表扬

相信每位父母都想要帮助孩子摆脱"喜怒哀乐"中的"怒"和"哀"这类负面情绪吧。

至少我从来没有见过在看见孩子生气或伤心时熟视无睹的父母。

另一方面,对于孩子的"喜"和"乐",即积极的情绪,父母又该如何对待呢?

看见孩子开心和快乐的样子,是非常令人愉悦的事情。绝大多数的父母都希望孩子更开心一点。

但要注意不能让孩子过于兴奋。

有的孩子一直努力学习,成绩也稍有起色,却始终无法进一步地提高。

或者，到达巅峰后成绩反而开始下降……

孩子为什么会出现这样的表现呢？

原因在于父母对孩子取得的成绩表扬过度了。要么满口称赞夸奖，孩子自己都觉得不好意思了；要么给予了过多的奖励，导致孩子自满。

80分提高到85分，应该如何表扬

成长快的孩子总是求知若渴，他们都怀有希望不断向上的进取心。

父母若是希望孩子成长得更快，就必须培养孩子求知若渴的精神。因此，在"喜"和"乐"的时候，即孩子感到满足的时候，父母的反应是孩子成长的关键。

如果孩子的数学一直突破不了80分，后来终于努力取得85分的好成绩，你会对他说些什么呢？

很多人可能认为他经过努力，取得的成绩比目标分数还高5分，这个时候应该尽情地表扬。

但是某位家长对自己的孩子是这样说的：

"你有好好努力啊，现在做好下次考90分的准备了吗？"

我听了之后由衷地敬佩，这是一位多么了不起的家长啊！

表扬他从 80 分提高到 85 分，同时不让他得到 100% 的满足。

这才是绝妙的语言。那位家长的孩子此后数学能轻松考到 90 分，后来也成功考入名牌中学。

考上志愿学校后，那孩子也不曾改变进取心，现在已经升入高中，正在为考东大而努力。他应该已经掌握了不满足于"喜乐"的方法了吧。

"还没到终点"的观念

为了避免读者误解，事先声明，我并非想否定父母们通过多表扬孩子取得的小成功，使其更好地成长的做法。

确实有的孩子因为父母运用这种方法而提高了成绩，并且就像我前面所说，表扬是孩子建立自信的重要方式。

但是，如果要让孩子树立"东大"这样的远大目标，保持对知识的饥渴是不可或缺的，从我的经验来看，这点是绝对没错的。

成长快的孩子，自身具备一定的自信，同时觉得离满足感还有一定的差距。用数字来表示的话，他们对现状的满意度通常保持在 60% ～ 70%。

因此，我并非让父母们不要表扬孩子。

表扬的程度必须与取得的成果相符。假如孩子做得再多都得不到表扬，他不仅无法建立自信，而且会失去前进的动力。

重要的是，即使有时候过分称赞了孩子，也需要提醒他现在还没有到达终点。

请仔细听取在东大的录取发表会现场接受采访的父母们的看法。

几乎没有家长一味地赞不绝口地对孩子说："太好了！恭喜！"

大多数人只是表情严肃地说"考上东大还不是终点""期待他未来更努力"这类的话。

从积极的层面来看，给孩子的喜悦泼冷水，这或许是能培养出东大学生的父母才有的特长。

习惯 13 | 孩子上小学的时候让他一个人旅行

考上东大的孩子能挑战危机

根据孩子遇到危机时采取的不同应对方法,可以将他们大致分为三种类型。

第一种类型是选择逃离危机的孩子。在我看来,这类孩子占60%～70%,也就是一半以上的孩子都是这种类型。剩下的两种类型,一种是察觉不到危机的孩子,大约占10%。最后的20%～30%就是能挑战危机的孩子。考上东大的孩子大部分都是这种类型。

对于孩子来说,危机数不胜数。

下次考试再失败的话,就会进入后进班了;明明很努力地练习棒球、足球,却一直无法入选正式队员;快到钢琴公演了,但演奏的曲目太难,练习了很多遍还是会出错……。

对于孩子来说,危机意味着他们不得不挑战超出自身实力的环境与难题。

即使父母在身边,孩子也无法逃避自己将面临的辛苦。

但是,有半数以上的孩子,即60%~70%的孩子会觉得"对现在的我来说太难了",而处于半放弃的状态,不会认真地挑战面前的难题。

原本实力不足,再加上不认真对待,结果很可能就是被转到后进班,或者一直坐冷板凳,或者在公演时表演失败。

即便如此,这种类型的孩子还会破罐子破摔,觉得"唉,自己也就这样了""做不到也是正常的"。这样完全陷入了习惯失败的状态,长此以往,想要提高成绩变得更困难。

可以说,孩子无法成长90%的原因在于"习惯失败"。

另一方面,勇于挑战危机的孩子,即使遇到这种情况也决不放弃,只会积极认真地去挑战。即使最终没有取得理想的结果,从长远来看,这两种类型的孩子在未来发展

第 3 章　培养孩子潜能的 6 个习惯　　063

的差距也显而易见。

挑战的事情比目前的实力高出多少，孩子成长的可能性就会有多少。

对于察觉不到危机的孩子，只能想办法让他们注意到。总之，重要的是如何将孩子培养成那 20%~30% 能挑战危机的孩子。

故意把孩子放到"严酷"的环境中

曾经被迫去上游泳学校，老师非常可怕；进入附近水平最高的足球队，一直都没机会上场比赛……

我问过东大的学生，他们都曾经历过"严酷"的环境。

而且他们都说"自己很想放弃，只是父母一直不同意"，可以想象父母是故意将他们放到那样的环境中。

绝对不要勉强孩子，只希望他在与自己水平相当的环境中茁壮成长。也有很多父母会这么想吧。

如果是出于希望孩子"茁壮成长"的目的，那我反而认为应该这么做。

但是，如果希望开启孩子更多的可能性，让他朝着更高的目标前进，就必须培养他突破自身上限的意识。

有必要给孩子施加压力。

给孩子施加的压力,应该稍微高出他自身的实力水平。换句话说,应当是孩子略微突破自身上限就能挑战的水平。如果危机的难度太高,就无法转变为成长的机会。

旅行能让孩子成长

我认识很多东大学生,他们在小学五六年级时都有过独自旅行的经历。

这并不是因为他们聪明才能去旅行。

对于任何一个孩子来说,独自旅行意味着接连不断地遭遇危机。

有位东大学生说,他在小学五年级暑假时,曾经一个人从东京的吉祥寺出发,换乘电车去了山梨县的甲府,在武田信玄雕像前面拍了照之后再独自返回。

他笑着说:"我跟父母争辩过'自己一个人无法去',但还是被他们强迫去了。"不过,他也正是因为这段经历才建立了"只要肯做就能做到"的自信。

于是他在小学六年级时主动一个人去了仙台,这次在伊达政宗雕像前拍了照片。

曾经觉得不可能独自去甲府的孩子，第二年便如同理所当然一般，一个人去了仙台旅行。

像这样，独自旅行是让孩子发掘自身可能性的最佳途径。

如果父母希望开启孩子更多的可能，建议让孩子在小学时经历一次独自旅行。

这种做法不是没有风险，但只要利用好手机导航（GPS）功能，应该可以确保最低限度的安全。

当然，具体让孩子去哪旅行，应当根据孩子自身的"实力"去判断。假如孩子连附近的车站都没有独自去过，却突然让他去邻省，这样的难度就太高了。

重要的是，难度应该始终设置在稍微突破自身上限就能攻克的水平。

同样是去附近的车站，被父母带着一起去，和自己一个人去，孩子看见的风景全然不同。

哪怕是少数几次，也要给予孩子突破自身上限的经验。

这是培养能挑战危机的孩子必须做的事情。

习惯 14 不勉强孩子 100% 理解知识

先确保孩子掌握整体知识的 60%

我经常对孩子们说：

"请各位同学 100% 掌握今天学习的 60% 的知识。"

可能有点难以理解，我来解释一下。

不管孩子再怎么努力学习他已经完全掌握了的内容，也只能维持现状。

为了提高成绩，他必须学习现阶段还没有掌握的知识。

但是，对于不理解的知识，也没必要完全掌握。

作为目标，可以先确保 100% 掌握整体内容的 60%，如此进行下去，成绩便能不断提高。

比如孩子目前的偏差值是 50，为了提高偏差值，则需要学习偏差值为 55 时需掌握的知识。这些知识的 60% 完全掌握、确定可以得分后，此时的偏差值就升到了 53。紧接着再学习偏差值为 58 时的知识，同样确保掌握其中的 60%。学到的 60% 能确定得分的时候，偏差值就能考到 55 了。

如此积累，每次积累 60%，偏差值便能不断提高到 60、65、70。而且孩子自身的理解能力也随之提高，以前没有掌握的剩余 40% 的知识，自然而然就能学会了。

简单来说，10 道问题中先完美地解决 6 道，然后持续地以解决 6 道问题为目标。一开始剩下的 4 道问题可以先放着，等理解能力提高了之后，自然能解决。

能做到 60% 的孩子确实可以提高成绩。

实际上，在我的班里，掌握了这种学习技巧的孩子，成绩都能很快提升。

父母一句"不会也没关系"，能让孩子集中注意力

好好把握对于自己来说"能做到的事情"和"不能做到的事情"十分关键。

老师开始讲解稍微有点难度的应用问题时，成长快的孩子，能判断这道题"凭自己目前的实力解答不出来"，并果断选择放弃。

同时，父母对于孩子暂时无法理解的知识也持非常宽容的态度。因为他们十分清楚孩子现阶段的能力上限，认为只要他以后能学会就可以。

因为得到了父母的理解，孩子便可以专心学习"能够掌握的60%知识"，稳步提升实力，最终考上东大等名校。

相反，总想着全盘掌握，却对每个部分都一知半解，这样的状态持续下去，成绩无论如何也无法提高。

或许可以简单地说，正是因为什么都想学会，所以成绩才无法提高。

必定存在"学不会的知识点"

如果不100%掌握学习的知识，就无法进入下一阶段……

像这类谨慎的想法，会成为孩子"快速成长"路上的绊脚石。

很多父母会担心孩子"有部分知识点学不会"，但其实为了提高成绩，学习的过程原本就是以存在部分学不会的知识点为前提。作为父母，有必要了解这种机制，并做出恰当的判断。

入学考试同样是以存在"学不会的知识点"为前提。而且越是名校出的试卷，考察"学不会的知识点"的题目就越多。也就是说，试卷中存在解不出也没关系（根本解不出来）的题目。

因此，越是难考的学校，越会考查学生对于判断哪些是"学不会的知识点"，即判断哪些题目可以解答、哪些题目无法解答的能力。

即使是东大的入学考试，每个学院的情况也有不同，录取学生的得分率最低一级在60%～70%。这意味着即便存在30%～40%"学不会的知识点"，也能考上东大。

我问过东大学生成功的秘诀，大多数人都提到，能拿到的分数要保证拿到。

为了不引起误解，我再次强调一下，这仅仅是以更高水平为目标、以开启孩子更多可能性为目的的学习方法。

如果偏差值50的孩子不能100%掌握偏差值40的知识，就会很麻烦，而且学校里的学习也是以让所有学生理解知识为目的而设置的课程，所以对于"学不会的知识点"，不能放任不管。

　　另外，虽说偏差值的目标为 70，但突然把这个任务交给一位偏差值 50 的孩子是完全没有意义的，只会产生大量学不会的知识点，导致孩子失去自信，甚至一蹶不振。

　　为了提高孩子的成绩而施加的压力，应当仅仅比孩子自身实力略微高一点较为合理。用偏差值来说，我认为 +5 ～ +7 的范围比较好。

习惯 15 不勉强孩子改正缺点

对孩子的缺点一笑而过

除了学不会的知识点外,同样希望父母们更宽容地对待孩子的缺点。

不踏实、爱哭、注意力不集中、容易放弃、没有恒心……

大多数父母都把孩子的这些特质当成缺点,并希望给予纠正,认为只要孩子改正过来,就可以提高成绩。但令人意外的是,越是成绩优秀的孩子的父母,越能接受孩子的缺点。

不刻意纠正,反而以一种一笑而过的豁达态度来对待。

如果缺点能轻易改正,那么可以考虑改正。

但大部分情况，缺点是无法轻易改正的，且已随着孩子的成长而成长。

这样的话，如果强行改正孩子的缺点，很容易变成否定孩子的生存方式，可能会导致孩子受挫，自尊心受伤，进而否定自己。

此外，强制要求孩子改正缺点，也会给孩子带来巨大的压力。孩子带着压力去学习，成绩是无法提高的。

而大多数东大学生都把自己的缺点视为幽默的段子。他们有着"自己虽然有这样那样的缺点，但是也没办法"的自我肯定感。

这或许是因为在他们小的时候，父母没有强行要求他们改正缺点，只是让他们与缺点和平共处。

与缺点和平共处

我先明确一点，大多数父母认为的缺点，基本是所有孩子的特征。

比如很多父母都会叹气说："孩子不能长时间集中注意力"，但小学生注意力持续时间不会超过40～50分钟。一节课的时长都设置为40～50分钟。即使是人人都说难考的滩中中学和开成中学，一门课程考试的时间最长也仅为 60 ～ 70 分钟。

而且，如果孩子玩游戏或者看漫画能专注 1 ～ 2 个小时的话，那说明孩子的注意力本身没有问题。只能说授课方式有待改进，如果课程有趣，大部分孩子都可以集中注意力。

如果孩子连 10 分钟都坐不住，也没有必要否定这种状态，只需想一想如何把 10 分钟慢慢延长至 40 分钟。

因此，关键不是改正孩子的缺点，而是如何让孩子与缺点和平共处。

如果孩子注意力不集中，每隔 10 分钟休息一下，容易厌倦没恒心的话，就多准备几种习题册；如果过于在意别的同学导致学不进去，就让他一个人学习……

了解自身缺点的孩子，也能很好地掌握克服的对策。

容易丢东西和忘东西的孩子

我曾经教过一个经常丢东西的孩子。

那孩子自己也清楚，跟我说："打印出来的试卷很可能会被我弄丢，希望课后作业从习题册里出。"

我一边苦笑一边答应了他。那个孩子的母亲担心他可能会把习题册弄丢，就买了好几本习题册放在家里。这样即使孩子不小心弄丢了习题册，也不会影响做课后练习题。

或许有的人会说："这么做太不经济了，应该改正他丢东西的缺点。"

但是，如果为了改正这个缺点，父母和孩子双方都需要承担巨大压力的话，那不如营造一个良好的环境。那对母子正是明确了这一共识，孩子才能专注于学习，最终成功考上某知名中学。

这么一说，我想起来还有一位拖着轮式书包上学的孩子，巨大的轮式书包里塞满了教科书、习题册和试卷，所有的教材都塞进去了。

他解释说："我不擅长做准备，一定会忘带东西。所以，这样做是最万无一失的。"

虽然周围人都劝他："从里面找东西太浪费时间了"，但他仍然坚持自己的做法，最后也成功考上了东大。

当然，努力做到以前做不到的事情至关重要。

但我认为，接受自己做不到的事情，制定所需的对策，这么做也无可厚非。

你注意到孩子的缺点了吗？

值得注意的是，很多父母未能发觉孩子的缺点。

父母没有发觉的情况，基本上孩子自己也不会注意到。

虽然说无须强行要求孩子改正缺点，但如果都不曾发觉缺点，也谈不上制定对策了。

前面举的两个例子，正是因为父母或孩子自己认识到了缺点，才进一步制定对策。假如未曾发觉缺点，也没有采取对策，或许他们就失去了专注学习的机会，成绩也不会提高了吧。

父母要做到直面并接受孩子最真实的一面，不强行要求孩子改正缺点，帮助孩子与缺点和平共处。

这是为了扩展孩子的可能性，父母应有的态度。

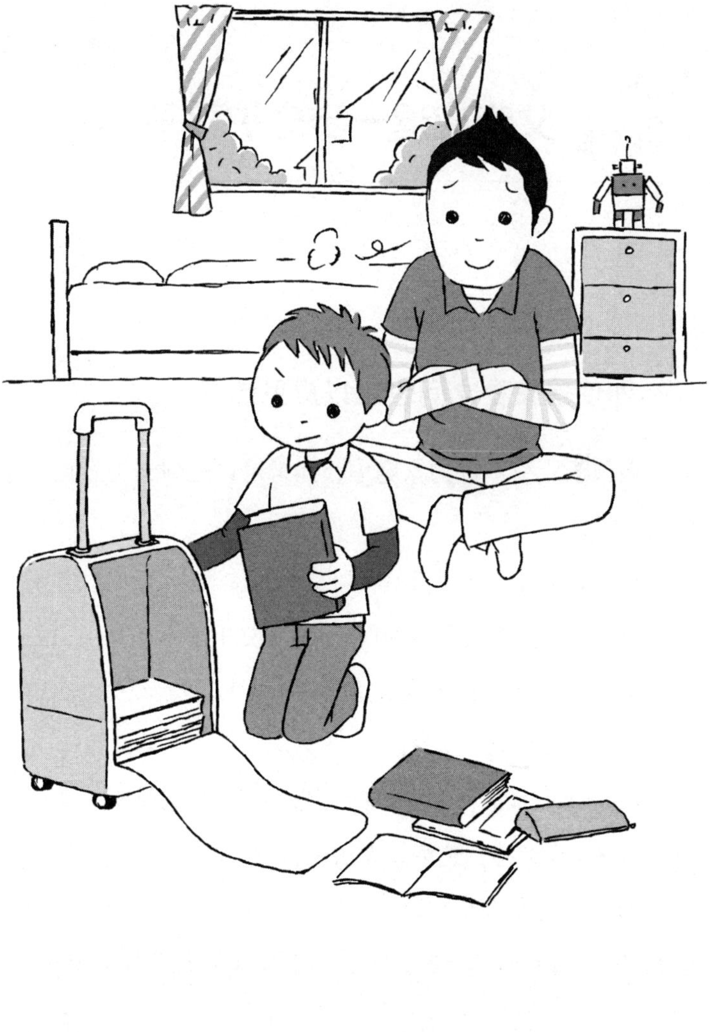

习惯 16　父亲应退一步守护孩子

即使是夫妻之间也难以意见统一

在孩子成绩不好的家庭中，经常可以见到父母意见不统一的情况。

特别是对于中学入学考试的看法上，双方意见经常不统一，父亲认为去偏差值 50 以下的私立中学不如直接去公立中学，母亲认为既然偏差值在 40 以上就应该去私立中学……这样的例子不在少数。

孩子其实非常在意父母的脸色，当父母意见不一致的时候，孩子也会感到迷茫，无法主动学习。

当然，夫妻之间在讨论孩子的学业问题时，如果平时能充分地交流、讨论该让孩子以哪个水平的学校为目标，为此今后需要为孩子做些什么，并达成一致方向，就不会出现问题。

但这只是理想的情况，在我的印象中，想法完全合拍的夫妻大约只有不到20%。在现实生活中，即使两个人是夫妻，要达成意见统一、方向一致，并非简单的事情。

一个好的家庭由母亲主导

在孩子的教育问题上，父母的想法本来就容易动摇。

即使是同一个人，也经常发生上周说的话与这周不一样的情况。

如果同时有多人发表意见，就更不容易达成统一意见。

教育孩子时，只有父母其中一方占据主导地位，另一方以辅佐的形式参与进来，孩子才能专注于学习。

另外，我认为在教育孩子方面，由母亲掌握主导权的家庭更容易进展顺利。

这是因为通常母亲与孩子接触的时间更长，更能正确把握孩子的性格和情绪。

即使是父母都上班，两个人花在孩子身上的时间差不多，考虑到母子之间强大的联结，母亲也具有优势。父亲和母亲在和孩子互动的密度方面有着天壤之别。

很多孩子都说:"妈妈很上心,爸爸很少关注我的学习。"

乍一看,好像是父亲对孩子没有责任心,但其实应该是孩子在学习上更信任母亲吧。所以,这些孩子总体来说成绩都不错。

即便如此,假如父亲仍然希望自己来主导孩子的学习,那么就必须抱着相当大的觉悟才行。

准备中学入学考试的话,至少要在孩子小学六年级一整年的时间里,拒绝加班和聚餐活动,甚至要做好不惜换掉自己工作的准备。

如果只是偶尔口头上指导教育孩子,可能也会被孩子顶撞回来。

面临中考的孩子,本来就处于叛逆期,有些不服管教,这个时候千万不能做些故意制造亲子间矛盾的事情。

把孩子当作下属对待的父亲

其实,父亲最好不要过多干预孩子的教育。

因为父亲会认为让孩子做出成果是自己的责任,所以会不自觉地把孩子当作下属来管理。

详细地管理孩子的学习计划和成绩，抱怨孩子没有按照计划进行、没有达成目标，等等。

其中还有父亲用 Excel 表格对孩子的学习时间、进度情况、成绩甚至睡眠时间进行统一管理。

虽然做法过于极端，不过由于父亲的积极参与，孩子的成绩确实会很快提高。

但这样的结果只是暂时的，因为孩子本人没有培养出自立的能力，当没有别人管理时就无法取得好成绩。

和没有能力的下属一样，"Excel 爸爸"一旦退出，孩子的成绩也就到达了极限。

在我采访过的家庭中，有的父亲因为过于强势的管理教育，导致父子之间整整 7 年没有说过话。本来觉得是对孩子有益的事情，结果到头来一无所获，得不偿失。

话虽如此，不过完全不关心也会伤害孩子。

夫妻之间共同分享孩子的事情，父亲不插手孩子的学习，但是负责接送孩子上下课，在周末一起做运动。这种程度的关心，我认为是最合适的。

我询问过东大的学生，有很多孩子说自己家里母亲比父亲更强势。仅就孩子的教育来说，"妈妈做主"才是正确的做法。

第 4 章

培养孩子毅力的
4 个习惯

习惯 17 | 不要在意考试排名或偏差值

考上东大的孩子不在意周围人的看法

不管是体育还是学习,很多人认为:为了增强实力,竞争对手是必不可少的。

确实,抱着"我不想输给那个人"的信念学习,成绩得到提高的例子不在少数。

其实我采用小班级制度,也是出于这方面的考虑。为的是希望相同水平的孩子之间互相激励,提高他们学习的动力。

不过以东大为目标,并且真正考上东大的孩子,很少会在意周围人的看法。

究其原因,是由于孩子原本处于高水平的竞争,在这样的环境中竞争并无多大意义。

比如，开成中学每年都有100多名学生考上东大，在这所学校里把目标定为第1名、第2名，对于大多数孩子来说不太现实。

周围全是实力强的同学，一直都处在"人外有人"的世界中。

所以，很有可能出现尽管自身学习能力很强，却也只能勉强挤进前100名的情况。

但大家都理解这并非意味着自己离东大的目标越来越远。

也就是说，在与高水平的同学竞争的环境中，要一边挑战，一边在某种程度上接受"排名上的失败"。

竞争对手是自己

可是，东大的学生好胜心不都很强吗？或许有人会产生这样的疑问。

是的，东大的学生从小就有很强的好胜心。

不过，他们的竞争对手会随着自己的成长而改变。

小时候竞争对手可能是家里的父母或兄弟，稍微长大

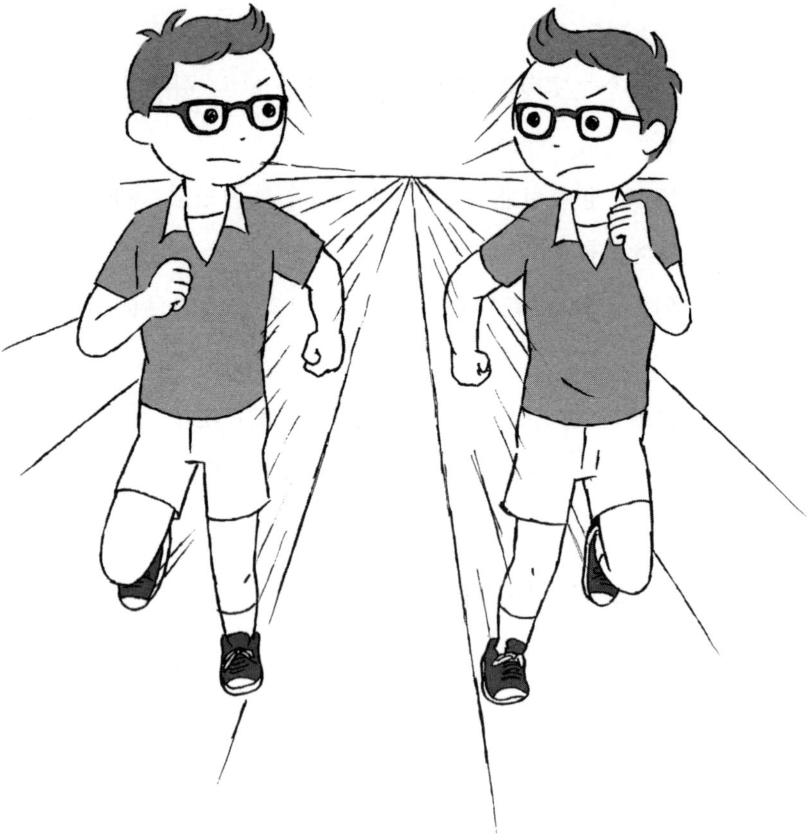

一点，则是周围的朋友。

在某个时间节点前，他们与他人竞争，并充分体验胜利的喜悦或失败的痛苦，这会帮助他们成长。

但是，当他们追求更高目标的时候，就会变得渐渐不在乎周围人的看法了。

这并不是说他们放弃了竞争。

那他们与谁竞争呢？

就是他们自己。也就是说，竞争对手是"自己"。

关键是不断挑战自己。越早发现这个事实的孩子，越能尽早快速提高成绩。

排名和偏差值只是大致的目标

与他人竞争的结果其实并不可靠。

比如，自己在考试中犯了很多错误，但如果其他人犯的错误比自己更多，自己还是可以获胜。

但这是真正的胜利吗？

当然，考试最终不是绝对评价，而是相对评价。因此，以排名和偏差值作为衡量自己在集体中的实力标准，也不能完全忽视。

但它们只是大致的目标，在朝着目标前进的过程中，对成绩波动的过度反应是毫无意义的。

排名或者偏差值，仅仅是代表自己的分数恰好比别人高了或低了，并不能说明自己的实力提高了。

即使这次的成绩比上次好，也并不代表自己的实力提高了。

衡量自身实力增长的时候，得分的部分反而更重要。很多升学率高的名校一直到学生高三夏天之前都不会公布学生考试的排名。

因为他们都清楚不是与他人竞争，只有与自己竞争才能提升实力。

请想象一场马拉松比赛。

平时能跑进 2 小时 10 分钟的选手，即使这次跑了 2 小时 15 分钟，根据其他选手的情况，也并非完全不可能夺冠。但最终可以提升实力的选手，不是那些看重一时排名的选手，而是那些努力缩短跑步时长的选手。

当然，跑步成绩也会受天气等因素影响，考试成绩会受题目难易程度的影响。但说得极端点，如果具备无论遇到什么情况都能跑得快、可以取得高分的实力，那便无所畏惧了。

关注可以反映努力程度的数值

成长快的孩子的父母能够理解偏差值只是大致的标准，所以几乎不会以偏差值来评价孩子。

父母的这一做法其实有助于孩子保持学习的动力。

因为依靠偏差值和排名无法正确反映孩子的努力程度。

假如孩子付出巨大的努力提高了分数，周围的同学却得分更高的话，那他不仅偏差值和排名不会上升，弄不好反而可能下降。

人们正是因为相信靠自己的努力能改变结果才会去奋斗，而对于改变自己无法控制的事情，则无法保持长久的热情。即使成年人也是一样。

为了让孩子保持前进的动力，关键是让他们树立把自己当作竞争对手的意识。

为此，希望各位父母不依靠偏差值或排名，关注能真正反映孩子本身努力程度的标准。

习惯 18　不要求孩子写日记

不给孩子留下"坚持＝辛苦"的印象

每天坚持写日记。

看上去这是培养孩子毅力的好习惯。

于是很多父母都要求孩子从小开始写日记,但我对此持怀疑的态度。

习惯是不受别人强迫也能坚持做下去的事情。

一旦被问"做了吗",就不能称为习惯。

而且,每天写日记也不是件简单的事情,连成年人都很少能坚持下去。

尽管如此,成年人却经常说"你要完成!"来强迫孩子。需要强迫才能完成的事情,对于孩子来说是不是有些困难？

写日记是与自己内心的对话，记录日常生活的良好习惯，但如果强迫孩子坚持，只会引起孩子的厌恶而适得其反。

尤其是对于小学低年级的孩子，如果他过早体会到坚持的不易与痛苦，之后再让他坚持就更难了。

不管孩子对于学习多么热情高涨，不能坚持学下去成绩也不会提高。在孩子小的时候如果过早给他留下"坚持＝辛苦"的印象，孩子就会变得做任何事情都无法坚持到底。

所以，在孩子小的时候，应该让他积累坚持下去的成功经验。

为了达到这个目的，可以给予孩子一些他能够轻松参与并简单完成的任务，培养不用勉强自己也能坚持的习惯。

做不同的习题让学习产生变化

具体内容会在第 5 章中提及。对于小学低年级的孩子，我建议培养他们每天做 5 分钟数学或汉字小练习的习惯。

当然，要养成这个习惯并不是简单的事情。在成年人看来可能觉得只要 5 分钟，但对于原本就没有学习习惯的孩子来说，每天要在规定的时间里对着书桌坐5分钟只意味着痛苦。

从这个角度来看，和写日记是一样的道理，只是这个习惯可以创造出努力的环境。尤其那些提升了孩子实力的家长，他们都善于在这方面下功夫。

比如，有位考上了重点中学的孩子家长说，他从孩子上小学一年级开始就给他布置任务，先准备不同类型的5本计算习题册，然后让他从中挑一本自己喜欢的，每天练习5分钟。

他说这是反向利用孩子容易厌烦的心理策略，而且这个策略成功了。

不知不觉间孩子已经像理所当然一般每天早晨都坐在书桌前，这个习惯从一年级顺利地保持到六年级。孩子因此锻炼出来的毅力，对于学习成绩有很大的帮助。

孩子最讨厌单调。所以，即使习题册只有1本，只需建立"你可以从喜欢的页数开始做起"这样的规则，孩子很容易地坚持下去。

或者，也可以试着把汉字习题册排成一排，让孩子根据当天的心情来选择做哪一本。

如果不是轻松就能完成的题目，孩子就无法保持习惯，所以需要避免难度过高的题目。选择孩子绝对能做出来的难度最有效。

并不是说在孩子三年级时，就一定要选三年级用的习题册。

对于已经尝试过各种策略，仍不能坚持下来的三年级孩子，也有过先让他做二年级的习题，最终顺利帮助他养成了习惯的例子。

一个习惯最理想的情况是每天都做，假如做不到的话，可以从每周一次开始，接着每周2次、3次逐渐增加。也可以搭配奖励，比如做练习5分钟，可以玩5分钟游戏。

让孩子坚持下去是最重要的

比起内容，让孩子坚持下去才是最重要的。

只要能坚持下来，未来便可以逐渐增加难度，说不定父母哪天会突然发现，孩子已经从每天5分钟变成早晚各10分钟。

刚才提到的从二年级习题册开始做起的孩子，在养成做习题册的习惯后，也能轻松地做三年级的习题了。

这种毅力如果能在孩子小学高年级前培养，之后的学习会变得非常轻松。

　　即使孩子到了高年级仍没有养成学习习惯，也不必放弃。只要降低难度，可以每次只做一点点，然后坚持下去。如果一天坚持不了 5 分钟，就从一天 3 分钟开始。

　　另外，进展不顺利的时候，也不应责备孩子，应当改变做法、重新开始。也有的孩子用某种方法无法坚持，换了另一种方法后，就不再是"三天打鱼，两天晒网"，而能够持之以恒。

　　必须极力避免孩子形成"无论做什么都无法坚持"的失败习惯。为此，请各位父母多尝试，寻找最适合孩子的方法。

习惯 19 | 让孩子接触"真实"

孩子能通过接触"真实"而成长

在第 2 章中我们提到,让孩子看电视或看漫画是让他们拥有梦想的契机。

只是好不容易拥有了梦想,如果什么都不做,梦想的花朵也会凋零。

为了不让难得拥有的梦想花朵枯萎,父母必须时不时地刺激孩子的心灵。

那么,应该怎样刺激呢?

就是让孩子接触"真实"。

对于读了漫画后说"将来想成为专业的棒球选手"的孩子,就让他加入少年棒球队,或者带他去棒球场观看专业选手的比赛，让他体验真实的比赛。

同样的，对于怀抱考上东大梦想的孩子，应该带他们去参观东大的校园，与东大的学生见面。

像这样通过让孩子拥有真实的体验，可以激发孩子朝着梦想前进的动力。

中学时期是梦想热情退却的时期

尤其对于升入中学的孩子来说，这种对梦想的刺激是不可或缺的。

天真无邪的小学生还能单纯地相信只要努力就能实现梦想。

一旦孩子升入中学就不一样了。他们撞上现实的墙壁，梦想的热忱消退正是发生在这一时期。对于面临中考的孩子、在初高中连读学校里学习的孩子，这是他们都将面临的危机。

因此，学习也好，体育也好，如何在孩子中学时期给予刺激，对于保持他前进的动力至关重要。

每年滩中中学、开成中学等重点中学都有很多学生考上东大。

这是为什么呢?

当然,重点高中原本就聚集了很多高水平的学生。另外,我认为重点高中还创造了一种每年都能孕育出很多东大学生的"环境"。

滩中中学和开成中学都是初高中连读的中学,低年级的学生目睹那些以东大为目标,并接二连三考上东大的前辈,能非常真实地感受到"考上东大"这一梦想。

因此,即使在容易对梦想热忱消退的中学时期,他们也能保持积极的前进动力。

这也最终促成了他们考上东大。

东大学生并非特殊的存在

听到这句话,有人可能会说"我的学校很少有人能考上东大",但也不必悲观。如果自己身边有东大的学生,或者有认真以东大为目标的前辈和朋友,也会成为良好的刺激。

事实上,我的学生有在接受了东大在校生老师的指导以后,对东大有了更具体的认知,产生高度的学习热情,并成功考上东大。

同时，真正见到东大学生后，他们会发现自己之前的印象只是一种单纯的美好幻想。

有的孩子发现东大的学生并不特别，也曾经和自己一样，他们反而获得了勇气。

越是以前成绩一直很好的父母，在看到孩子学习热情下降时或许越觉得受到打击，但谁都会经历这种时刻。所以，即使孩子学习热情下降，也不必过于担心。

即便看到孩子失去了对梦想的热情，有时候也需要将错就错，"现在这个时候就休息下吧。"

无须对失去热情的孩子唉声叹气，父母可以积极地寻找让孩子接触"真实"的机会。这份努力，会成为改变孩子意识的契机。

第 4 章 培养孩子毅力的 4 个习惯 099

习惯 20 任何事都让孩子自己做决定

背负父母的梦想与目标的孩子

正因为是自己的梦想和目标，所以才能持续保持热情。

你可能会认为，这不是理所当然的吗？但是我在三方面谈的时候，询问孩子志愿学校，很多孩子都会一边偷瞄旁边的父母一边回答。

"嗯……庆应？""还有开成？"等等，明明是自己的事情，不少孩子却不知为何用了疑问句。

甚至还有父母在一旁喋喋不休地说着选择那所学校的理由。我继续问："想去庆应踢足球，对吧？""当时去了文化祭就喜欢上了那所学校，对吧？"孩子脸上却浮现出迷茫的表情。

这是背负了父母的梦想和目标的孩子经常表现出来的行为模式。

这些孩子没有自己的梦想和目标，很难保持前进的动力，中途容易放弃、成绩无法提升的可能性更高。

自身的意志不足则无法坚持

如第 2 章所述，树立不为别人只为自己学习（考试）的意识，对于孩子的成长而言是不可或缺的。

在中学入学考试时，毋庸置疑，父母需要在某种程度上为孩子指引方向。但即使是"那所学校的制服很可爱"这样单纯的理由，也是很好的。如果不是出于本人的意志而选择志愿学校，学习的动力也无法维持。

因此，需要让孩子真正地"自己做决定"。一定要避免孩子随波逐流地做决定。

有位家长，为了让对中学入学考试提不起兴趣的孩子振奋起来，他收集了近 100 所初高中学校的宣传册，放在孩子容易看到的地方。

有一次，孩子随手拿起宣传册，一边翻阅一边说："这个学校的社团活动，好像很有意思……"就这样孩子开始

102　没上补习班的孩子 是怎么考上名校的

产生兴趣。

正好那个学校的开放日将近,孩子趁机体验了社团活动后,兴趣大增,正式决定以那所学校为目标,家长也十分开心。那位孩子之所以直到最后仍然保持热情,成功考上志愿学校,正是因为他自己做了决定,建立了信心。

另一个孩子成功考取重点中学的家庭,父亲负责收集学校的宣传册,母亲负责积极地出席学校的招生来收集信息。而基于父母收集的信息,最重要的工作——决定志愿学校,则交给孩子本人。

父母只负责给孩子提供信息,不会插手孩子的选择。

仿佛母亲是导演,父亲是副导演,孩子才是主角,我倒认为这才是理想的安排。

孩子自己选择志愿学校的话,不仅考上的概率会大幅提高,而且即使最后没能考上,也能真正体会到失败的遗憾。

对自己的选择负责

其实这才是重点。

成绩能迅速提高的,正是像这样有高度自立心的孩子,也就是说，无论成功或失败，都能自己对选择的目标负责。

小升初考试失败后，中考可以考上重点高中的孩子；高考失败后，能在大学考试中逆袭的孩子；更进一步，有潜力可以成为当今社会所需人才的孩子，正是这种类型。

不管多么小的事情，请各位父母让孩子真正"自己做决定"。

第 5 章

提高孩子注意力的
5 个习惯

习惯 21 让孩子集中注意力"5分钟"

拖拖拉拉1小时不如集中注意力5分钟

对于小学三四年级的孩子,我建议让他每天坚持做5分钟的家庭学习。在第4章,我从毅力的角度说明了每天做5分钟数学习题的意义。现在我从注意力的角度,思考家庭学习5分钟的重要性。

为了锻炼注意力,比起不定期地学习1小时,每天坚持学习5分钟更有意义。

你可能觉得:"只有5分钟,会不会太少了?"

但是,即使让小学四年级以下的孩子学习30分钟,实际有效的学习时间也只有不到10分钟。

所以,关键是如何让孩子高质量地学习。

如果仔细观察正在学习的孩子，就会发现他们一会儿玩玩铅笔或文具盒，一会儿抖动腿，一会儿眼睛看向别处，很明显他分心了。

所以，即使身体坐在书桌前，大部分时间也在做与学习无关的其他事情。

而一旦孩子适应这样的精力分配，将会形成拖拖拉拉的学习习惯，达不到想要的效果，导致虽然学习时间很长，但成绩仍然无法提高的结果。

为了提高学习效率，取得与所花的时间相匹配的效果，关键是即使学习时间短一点，也要保证100%的注意力。比起心不在焉地学习1小时，认认真真地学习5分钟，特别是对于这个时期的孩子来说更有价值。

当然，如果孩子能认真学习，把5分钟延长到10分钟、15分钟都可以。只是至少在小学低年级阶段，不必勉强延长他的学习时间，应优先提升注意力，这样也能成为他日后成长的动力。

小学高年级遇到的壁垒

如果从小学低年级开始训练，集中注意力的时间会随着孩子的成长而延长。理想的情况是，要在孩子小学五六年级之前，让他能集中注意力 40～50 分钟。考取重点中学的大部分孩子，在小时候就开始培养高度集中的注意力。

当然，这对于不用中考的孩子来说同样重要。

因为一旦进入小学高年级，学校的授课内容突然增多，没有一定程度的注意力就无法理解。

升上中学以后对注意力的要求更高，因此最好在小学低年级时开始训练。

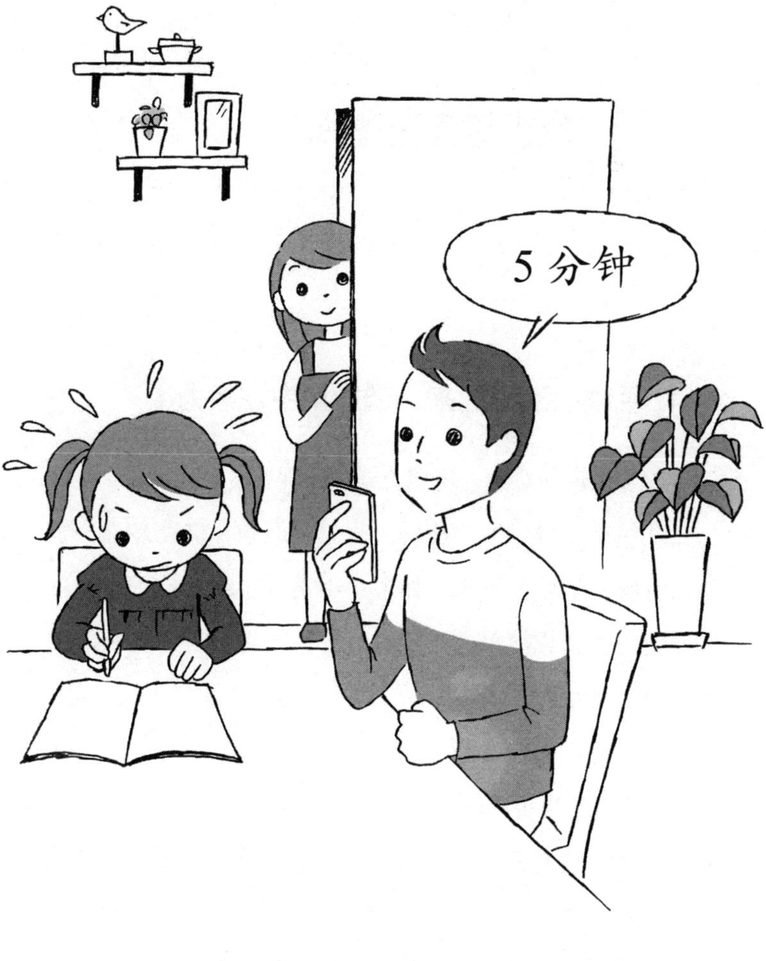
5 分钟

习惯 22 重视速度和基础

手越能活动起来，越能集中注意力

为了锻炼注意力，应该怎样学习呢？

从结论上说，即快速解决简单的问题，也就是说，学习的时候手不要停下来。如果是小学低年级的孩子，通过训练他快速完成简单的汉字练习和数学练习，能有效地锻炼他的注意力。

同样的问题，让他可以慢慢做，和让他1分钟之内做完，注意力的集中程度肯定不同。

当然，认真仔细也很重要，但如果养成了拖拖拉拉花很长时间的习惯，以后就会很辛苦。

简而言之，就是让孩子掌握一定程度的问题，能做到

"手不自觉地动起来"这种专注程度的能力。

比如，"阴山练习法"中广为人知的"数学计算100问"，小学五六年级的学生平均完成时间为2～3分钟，而考上被称为"御三家"重点中学的孩子，能在50秒左右做完。

其实东大的入学考试试题中，没有什么棘手的难题。

相反，只是需要花时间解答，也就是需要一定能力处理的问题。如果在小学就掌握了快速解答问题的能力，对于考取东大一定会有所帮助。

让孩子一直做简单的题目

形成这个习惯，除了速度以外，还有另一个因素。

那就是解答简单的问题。

很多父母都认为，为了提高孩子的成绩，必须让他做高难度的题目。但其实这种做法未必可取。

孩子的成绩即使做再多的难题也不会提高。

通过反复做简单的题目，培养孩子高超的处理能力，可以渐渐地他也能解决难题。

比起多做出几道应用问题的扩展难题，培养能应对任何问题的基础能力更为关键。

　　实际上，在询问那些考上东大的孩子学习诀窍时，几乎所有的孩子都回答说："一直做基础性的题目，不知不觉提高了实力。"

　　从小学六年级开始正式为准备考试而学习、争取考上重点中学的孩子，正是这种类型。他们的基础知识十分扎实，用爬山来比喻的话，他们具备直接从山肩开始攀登的优势。

习惯 23 | **悠闲地度过周末**

越是成长快的孩子越需要"休息"

一提到东大的学生,大家的印象是不是"他们都是从小开始不舍昼夜学习的人"。

但是,事实并非如此。

或许他们中间确实有这样的人,但我认识的东大学生,全都是不过分勉强自己的类型。

并不是说他们考上东大后时间增多了。他们说,从小父母就教会了他们休息的重要性。

在我的班里,越是成绩稳步提升的孩子的父母,越擅长把握孩子休息的时间。即便在快考试的日子里,也能毫不犹豫地说:"今天孩子好像累了,提前1个小时让他回家吧。"

尤其是身心尚未发育成熟准备中学考试的孩子，经常依靠一腔干劲儿，看上去好像很有精神，实际身体已经疲惫不堪。

所以，父母有"让孩子休息"的勇气是对孩子的保护。

一直想着让他休息就输了，强迫孩子进行不必要地学习，孩子一定会撑不下去。所以，把握好休息的时机非常关键。

事实上，越是成长快的孩子越需要休息。

因为他们在进入学习状态的时间里，精神会高度集中。

东大的学生在回顾备考期时，都说："如果没有休息的话，就撑不下去了。"反过来说，恰好证明了他们在应该学习的时候注意力高度集中。

另外，很多人可能都认为把孩子培养得好的父母，生活一定都很有规律。但事实并非如此。

即使平时生活规律，周末也会让孩子一觉睡到早上10点，上午让他悠闲地度过，有很多父母是这样做的。

说不定正是因为不学习的时候可以放松，才能在学习的时候集中注意力。

长时间努力的孩子无法集中注意力

注意力无法长时间集中。所以,一直不休息、长时间学习的孩子,可能在应该集中注意力的时候并不专注。

这或许是因为孩子没能得到充分的休息,不专注的状态,是身体为了度过不能休息的时间而采取的一种保护策略。

有的家长看到孩子长时间坐在书桌前会感到欣慰,当然,如果没有学习实质性的内容,就不能期望孩子成绩得到飞跃性提高。

重要的是张弛有度。

运动员为了发挥出最好的水平,需要充分的休息。

学习也是同样的道理。如果不能保证适当休息和放松心情,就得不到良好的效果。

孩子感受到的学习压力

最近,很多父母努力让孩子学习多种技能。实际上,也有不少孩子同时在学四五种技能。

父母或许觉得自己是在热心地教育孩子,但我认为有必要重新考虑一下,这种行为真的好吗?

需要学习的技能越多,孩子的负担就越大。对于那些学习每种技能都专注认真的孩子来说更是如此。

对于这件事,我认为父母们应该深入地思考。

即使学习某项技能需要 1 个小时,还要加上路上往返的时间,需要花费的时间就更多。而且,安排这件事本身会给孩子带来压力。

可以说,孩子在被迫执行看不见的预习和复习。

成绩顺利提高的孩子,大多像游泳课和钢琴课,学的技能非常简单。而且,每周有至少 1 天完全没有安排,可以好好休息。

令人意外的是,有些孩子成才的父母,也在孩子很小的时候让他学习了很多技能。

但这些父母在孩子升入小学的时候,果断地减少了要学的技能种类。他们询问了孩子能否带着目标意识坚持下去,在和孩子本人商量后决定继续学习哪项技能。

只依靠"开心"是无法坚持的

经常能听到父母说:"因为孩子看起来很乐意去上

第 5 章 提高孩子注意力的 5 个习惯 117

课。""孩子自己说想继续学,找不到让他放弃的时机。"

在某种意义上这是必然的。因为对于兴趣班来说这是一门"生意",他们会留意怎样才能让孩子开心,怎样让孩子不想放弃上课。

正因如此,上小学后学习的技能,不能只靠"开心"这样的理由让孩子继续。如果只因为玩得很开心才去上课,与入场费高的儿童乐园没有区别。

我也会听到这样的理由,因为是谁介绍的所以不能不去,因为有朋友在所以不能放弃等等,由于这样的理由让孩子继续下去,只会让孩子疲于奔命。

此外,要学的东西太多,孩子经常会以此作为"不做作业的借口",说"因为忙着学东西,所以没完成作业。"

这就本末倒置了。

当然,并不是说减少要学的技能,就能立刻提高成绩。

但是,如果在学习技能上花费的时间少了,孩子的时间更充裕,他的精神负担也会减轻,这样便可以确保闲暇的时间(休息的时间)了。

孩子利用这段时间休息,就更容易在学习时提高注意力。

习惯 24 创造一个尽情玩游戏的日子

沉迷的经历也对学习有所帮助

如果孩子充分积累了沉迷于游戏、体育和音乐等事物的经历,其注意力可以迁移到学习方面。

小学时沉迷打棒球和踢足球的孩子,将同样的注意力应用到学习后,学习成绩就会直线上升,正是其中的典型例子。

东大的学生坦言,几乎所有人都有过沉迷于棒球或足球,钢琴或吉他,以及日本将棋的经历。

不论是哪种爱好,缺乏沉迷经历的孩子对学习的专注程度也会较低。

因此，为了提高孩子的学习能力，或许有必要有意识地让他积累沉迷于学习以外的其他事物的经历。

关注孩子专注于游戏的母亲

体育运动和音乐都是健康的爱好，孩子能专注于这些方面是最理想的。

只是孩子对于自己不喜欢的东西无法沉浸其中。

如果孩子对体育和音乐都不感兴趣，却要强迫他，并不能锻炼他的注意力。

我的班里曾经有一位注意力特别集中的孩子。

当我询问他的母亲："您的孩子注意力集中的源泉是什么呢？"她的回答出人意料。

那个孩子对体育和音乐都不怎么感兴趣，却非常喜欢玩游戏。

母亲一开始也是皱起了眉头，但看到孩子专注的样子，便想到了尝试利用这一状态。确实，游戏能让大部分的孩子都集中注意力。

而看到孩子玩游戏的样子，大多数父母应该都会叹着气说:"把玩游戏的精力放到学习上该多好……"

但这位母亲并不只是感叹,她想既然孩子能这么专心打游戏,他潜在的注意力水平一定很高。

于是,她便决定每周抽出1天时间让孩子尽情地玩游戏。

"等了已久的'游戏日',恐怕玩五六个小时都不够吧。"

她本来都做好了思想准备。结果,也许是孩子发挥了超常的注意力,沉迷于游戏的时间只有2小时左右。

之后尽管"游戏日"仍在继续,但随着次数增多,孩子玩游戏的时间反而越来越短,1个月以后,他只需玩1个小时便感到十分满足了。

通过沉浸游戏的经历,那位孩子充分体会到了集中注意力的感觉。然后,他在玩游戏过程中培养的注意力,在学习上发挥了作用。

"玩游戏会妨碍学习"这种观念根深蒂固,那些严格限制孩子玩游戏的父母,或许会抵触这种做法。

但是,如果游戏真的有那么大的影响力,通过它来培养孩子的注意力也并非坏事,我是这么认为的。

如果没有沉浸于任何事物的体验，其中的弊端，比每周玩1次游戏产生的影响更大。

当然，这么做的目的并不是提高孩子玩游戏的水平，说到底这只是提高注意力的训练。所以，让孩子自由地玩，每周1天就足够了。

另外，拖拖拉拉地玩也是没有意义的，所以我认为设置一个"玩到注意力无法集中的时候就结束"的规则也很重要。

习惯 25 | 让孩子在家人的视线范围内学习

不要让孩子在自己的房间里学习

作为老师进行家访时,我都会参观孩子学习的地方,我会格外关注孩子的书桌。

不可思议的是,越是在孩子的房间里放着书桌的家庭,孩子的成绩越呈现出难以提高的倾向。

我认为在小学阶段,没必要让孩子在他自己的房间里学习。

最主要的理由是,孩子的房间不是适合学习的环境。

孩子的房间里摆放着很多玩具、漫画等,这些物品对于孩子来说有很大的吸引力。在这样的环境里专心学习,恐怕只有意志力非常强的孩子才能做到。

而且，因为不在父母的视线范围内，能好好学习的话可以说是奇迹了。

另一个理由是，孩子会感到孤独。

通常，在家里孩子有一个独立的房间，所以他一旦开始学习，就会陷入一种远离家人的感觉中。

尤其近年来有些孩子表现出强烈"黏人"的现象，在咖啡厅和家庭餐厅备考学习的孩子随处可见，这也是在孤独的环境中孩子无法学习的一种证明。

如果孩子认为学习本来就是孤独的，那就不用担心。

但有的孩子因为讨厌孤独而不想学习。

这样想的话，至少在孩子小学阶段，不应该让他们独自学习。

将客厅作为学习的场所

从这个角度来看，最近流行的在客厅学习的方式很不错。

客厅是全家人聚在一起的地方，就能避免孤独。

经常有父母问："在孩子学习的时候，父母应该做些什么呢？"没有必要考虑得太复杂，家人只需做自己的事情即可。

降低电视音量这种最低程度的行为自然是必要的，但孩子学习的时候也不必让全家人都陪着。

理想的状态是，比如父亲读书、母亲记账，都在客厅同一张桌子上各自专注做自己的事情。这是培养孩子"不去打扰正在专注做事的人"的礼仪的好方法。此外，对于打消孩子"父母的时间都是为了自己"这类念头，也是有效的。

父母工作时的样子，能激励孩子鼓足干劲。所以，在孩子学习的时候，父母也可以带一点工作回家，在他旁边工作。

根据家庭的情况，有时候可能在客厅学习不太方便，这时有必要为他着想，不要关上他的房门，让他感受到其他家人的存在。

学习的时候别让孩子看表

在孩子学习的时候，有些东西尽量别出现在他的视线

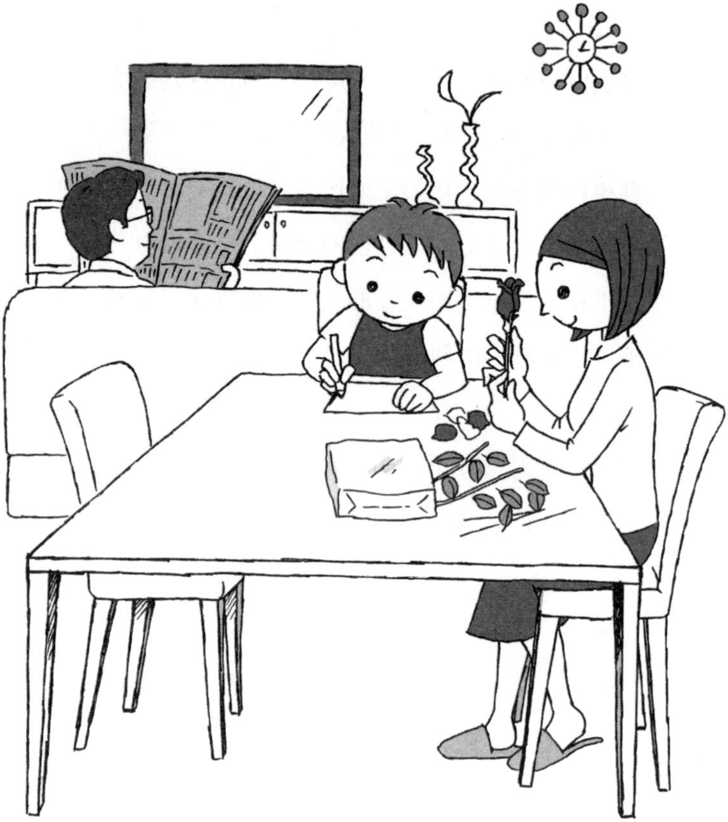

内——那就是钟表。

相信大家都有过这样的经历,如果开会时间过长,就会不停地看表。

同样的道理,孩子一看到表,就会开始倒计时。这样就会把注意力集中在时间上,而无法集中注意力学习。

所以,在学习的地方不放钟表,或者将表移到孩子看不到的地方。

为了培养孩子的注意力,这一点也希望父母注意。

第 6 章

正确批评孩子的
4 个习惯

习惯 26 让孩子好好解释

利用父母的威严但不动怒

正如第 1 章所述，培养出东大学生的父母很擅长表扬孩子。

那么一直表扬孩子就可以了吗？答案是否定的。孩子仍然处于成长过程中，面对他们，就一定会遇到应该批评的事情，免不了要批评孩子的时刻。

根据孩子年龄和性格的不同，有时候批评可能比表扬更多。只不过，我站在指导孩子的立场，深刻地体会到批评比表扬困难得多。

假设有个孩子数学考了 30 分，对此他的父亲很生气，威胁他说："下次考试不考 100 分的话，我不会饶了你！"

那孩子会怎么做呢?

抱着必死的信念学习,说不定真的可以考到 100 分。

但即使实现了,父亲就可以开心地放手不管了吗?

利用父母的威严批评孩子,可以迅速地取得表面效果。

但孩子只是因为害怕才学习,如果父母不生气了,他就会立刻停止学习。

实际上,有很多孩子考上重点中学后陷入这种状态,他们的父母几乎都叹气说:"明明小学的时候还是听话的乖孩子……"

批评是一种沟通

那么,那些提高成绩的孩子,他们的父母是怎样批评的呢?

虽然对待孩子的方法千差万别,但毫无疑问,这些父母的共同点是与孩子彻底地争吵。

"争吵"并不是用力量去压制,而是彻底地面对孩子。

也就是说,提高了成绩的孩子的父母,会把批评的场景当作亲子交流的时间来对待。

"昨天和父母大吵了一架。"见到说出这类话的孩子,我能感觉到,"啊,这个孩子一定可以提高成绩。"虽然只是被骂了,但重要的是孩子本人有"和父母争吵过"的感觉。

听完孩子的解释

那么,和孩子"争吵"需要做什么呢?

那就是让孩子好好地"解释"。

父母自然有父母的道理,然而孩子也有他的理由。

如果粗暴地压制说"我不认可你的借口",那不就剥夺了孩子表达意见的机会了吗?

听完孩子的"解释",再与他讨论什么才是正确的。

即使最终孩子还是听从父母的意见,如果他已经充分地阐述了自己的观点,他也能接受这个结果。

相反,如果孩子还没有充分接受,就不应该停止"争吵"。

不管要花多少时间讨论,最终都要让孩子接受。

或许父母会觉得麻烦,然而作为反驳的证据,孩子确实得到了成长。

而且,那些无条件服从父母意见的孩子,看起来很好培养，但从长远角度看，却无法期待他们能实现更大的成长。

我在批评孩子的时候，首先会告诉他，我为什么生气。然后，一定会让孩子解释。

如果孩子不擅长口头表达，也可以让他写在纸上。

话虽如此，也有的孩子会坚持用对自己有利的"借口"作为正当理由，此时必须就两种迥然不同的价值观开始争吵、磨合。

虽然最终会花很长时间争吵，但经历这个过程，是理解孩子的关键。

只是在极少数情况下，孩子会隐藏需要大人仔细倾听的理由。

这时，我会坦诚地承认错误，接受孩子的理由，并向孩子道歉。

无法接受心烦意乱的感觉

批评孩子时，最重要的是刚才一直重复说明的"接受"这一关键词。

即使被狠狠批评了，只要孩子接受了父母说的话，他的意识就会改变。

　　当然，随着孩子逐渐长大，也会遇到即使心里无法接受也不得不照做的情形。

　　即便如此，重要的是将孩子培养成为不靠说服，而是主动接受了之后再前进。让孩子在还没接受的情况下继续前进，孩子的心情就会变糟糕。

　　学习越好的孩子越会经常提问题。

　　因为他们在想不通"为什么会这样"的时候，会感到心烦意乱。

　　孩子会产生"讨厌无法接受"这种感觉，这正是孩子正在动脑筋的证明，所以也适用于学习。

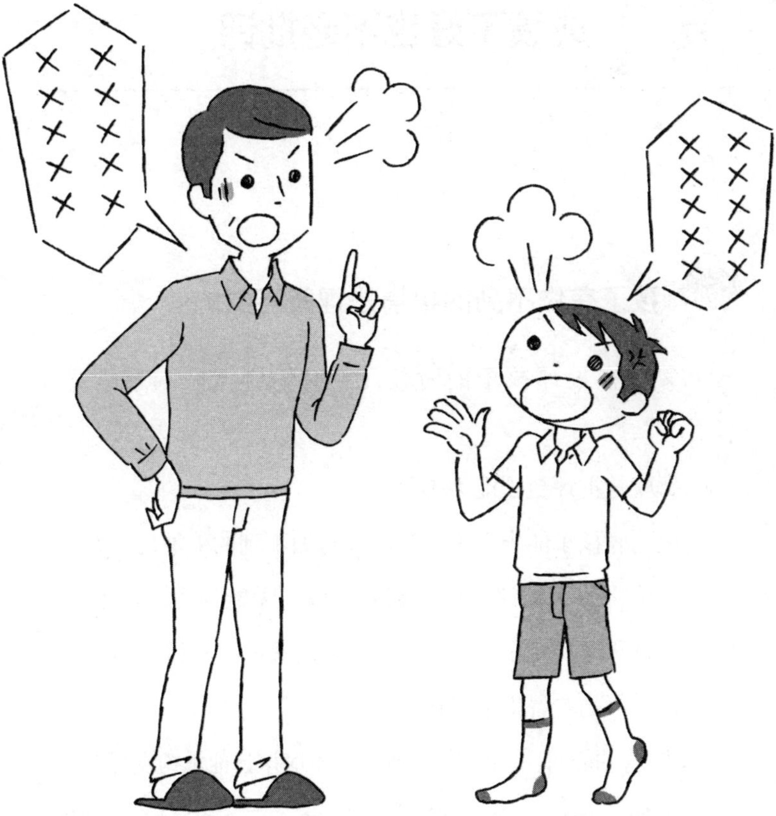

习惯 27

成绩不好也不必批评

孩子有做不到的事情是理所当然的

父母在批评孩子的时候,绝对不应该做的事情是什么?

那就是批评孩子能力不足。

说到底孩子能力有限,当然会有做不到的事情。

无论再怎么批评,做不到的事情仍无能为力。但因为做不到的事情而批评孩子,对于他来说就过于残酷了。

孩子不是拿着报酬工作的员工。

所以,即便有些事情做不到,也不应该让他承担责任。

比如,孩子上次考试考了 90 分,这次却只考了 60 分,大部分的家长往往会批评孩子:"为什么只考这点分数！""是不是偷懒了？"

但是，能帮助孩子成长的父母，不会毫无缘由地批评孩子。

首先，他们会和孩子一起思考分数下降的原因，倾听孩子说明理由。

然后，如果是由于"题目都很难""时间没来得及"等等，因明显实力不足而导致考了 60 分的情况，父母也应接受这一事实。

看到这些父母，我能确信——这个孩子的成绩以后一定会提高。

不要对 一次考试的结果或喜或忧

孩子考上东大的父母，能够承认"失败"。

我一直以来都深深感受到这一点。

正如前面所述，以重点学校为目标的孩子，都不服输。因此，对于失败（未能取得好成绩）的事实，他们很难接受。

但是，那些父母非常擅长让孩子接受这一事实。

也许他们都很清楚，承认自己的实力不足，是激励自己前进的动力。

一般来说,能帮助孩子成长的父母会一直思考,如何从这次结果上吸取经验应用到下一次。

他们感兴趣的不是每次的分数,而是未来的成绩。

所以,即使偶尔分数不高,也不会因此生气。

当然,如果孩子上课没认真听讲,或者在做作业、复习的时候偷懒,因而导致成绩下降,父母应该好好提醒孩子。

但是,父母如果过于在意眼前的分数,孩子就会不清楚自己为什么而学,以及应该朝哪个方向努力学习。

是能力不足,还是不够努力?

在我的印象中培养出东大学生的父母,对于低级错误都非常严格。

某位东大的学生笑着回忆说,自己考了 30 分也不会生气的父母,却对计算错误、汉字写错之类错误非常严格。

他很感谢父母,他在计算题和汉字题上一直都能考到满分。这可以说是他父母策略的胜利吧。

在学习上,失败的原因是由于能力不足,还是不够努力，需要正确判断后再批评孩子。

　　低级错误只要留意就能避免，因此属于努力不够，从这个意义上说，需要严厉批评孩子。

　　如果亲子之间能在这方面达成共识，孩子就能理解对于自己来说什么才是重要的，同时父母也不会任由自己的情绪批评孩子了。

　　不可以批评没有办法的事情。

　　但可以批评没有努力的事情。

　　这样的规则，对于父母和孩子都有意义。

习惯 28 有时反而需要带着情绪批评

孩子是感性的动物

有些父母在批评孩子的时候，会注意控制自己的情绪，条理清晰地进行批评。然而，我认为至少在孩子上小学阶段，冷静地批评反而达不到想要的效果。

孩子十分感性。逃课、不做课后作业，他们在做这些事时并没有明确的理由。

如果追问他"为什么逃课？告诉我理由""逃课浪费的时间你打算怎么补回来？"之类，父母在不停地讲道理，孩子只会觉得厌烦，听不进父母的话。

因为一开始就不存在可以说服父母的理由，所以最后只能嘴上说一句"对不起"，试图补救。

或许孩子因为害怕父母，从此再也不逃课，但同时孩子的内心会离父母越来越远。我们经常会在父亲身上看到这种理性的批评，这是训斥下属的方式，并不适合用于孩子身上。

孩子回应的是父母的眼泪

对于感情用事的孩子，父母在孩子面前表达情绪更有效。比如，孩子做错了事但丝毫没有反省的时候，父母可以夸张地表达自己的情绪。

母亲的眼泪特别有效。这属于特殊情况，因此对于孩子来说是一种非常强烈的信息。

"没什么理由还逃课，妈妈真觉得失望……"

像这样边叹气边流泪给孩子看，便能得到孩子的回应。

为什么呢？因为孩子能敏锐地觉察到父母在表露情绪的背后，隐藏着对自己无限的爱意。

孩子即便挨打也不会觉得受伤，是因为他们清楚地知道在拳头背后有着100倍的爱。

孩子终究还是孩子，总希望在某些地方得到父母的关爱。所以，为了建立良好的亲子关系，在饱含爱意的前提下进行批评很重要。

即使父母对孩子说了很严厉的话,最后也要开个玩笑,抱抱他、摸摸他的脑袋、拍一拍他的屁股,对他说:"加油。"

像这样,注意千万不能一味地责骂。

第 6 章　正确批评孩子的 4 个习惯　　143

习惯 29 做人方面的错误要彻底批评

希望老师一起批评孩子的父母

培养出东大学生的父母,很少因为学习的事情批评孩子。

"因为孩子优秀,所以没必要批评"是一方面;另一方面是他们都坚定地认为,学习是孩子本人应该解决的问题。

相反,在我的印象中,他们对于孩子做人方面的错误以及违反社会规则的错误异常严厉,在培育孩子人格方面绝不妥协。

曾经发生过这样一件事。

有个孩子成绩刚开始逐步提升,某天他的家长特意来找我,对我说:"希望老师能和我一起批评孩子。"

我询问后，他们说孩子有参与欺凌的行为。

由于本人没有直接参与，这件事是他们从周围人的谈论中听到的。

那位母亲认真地说："我和丈夫都认为这是世界上最卑鄙的行为，绝对不能原谅。所以，希望老师您也一起批评他。"

于是，立刻叫来正在上课的孩子，他看见连平时一次都没来过学校的父亲也在，感到非常惊讶，以为一定是要和他沟通升学的事情。

或许是这个原因，当我们说出欺凌的话题时，他露出了意外的表情。

为了确认事情的真实情况，我们先让他进行了解释，他坚称主犯是其他孩子，自己没有直接参与，并认为自己好像并没有做多么恶劣的事情。

不过仔细询问后，发现他朝被欺负的孩子扔过小石子，在做人方面，这明显是错误的行为。所以，我和他父母三个人严厉地批评了他的错误行为。

一开始他还闹别扭，后来进行了深刻的反省，或许是认识到自己的行为恶劣，最后流下了眼泪。

看到这样的情形,我终于清楚明白了那对父母的用心。

他们之所以要在第三人在场的非日常空间里批评孩子,就是要让他明白自己犯了多么严重的错误。

为什么要与第三人一起批评

不仅是孩子,每个人都希望在别人面前表现出自己较好的一面。

所以,孩子一旦在别人面前被批评,自尊心就会受到很大的伤害,这种伤害远比成年人想象得更严重。

因此,当着其他人的面批评孩子时必须充分顾虑。

但正因为如此才会有效果。

我想那对父母也十分清楚,丢脸会对孩子造成多大的影响吧。

但他们抱着即使造成伤害,也要彻底纠正孩子错误的心态,所以选择了批评孩子。

同时,在这个例子中,既然没能在学校阻止孩子的行为,那么不管在家里怎么批评他,孩子会认为只是"家庭内部规则"。

那样的话,在父母看不到的地方,孩子或许就不会遵守规则。

那对父母正是为了防止这种情况再次发生，才会让作为第三人的我参与进来。

也就是说，父母不是因为他们的价值观来批评孩子，而是希望教育孩子作为社会上生存的人必须遵守规则。

要说人格会直接影响成绩，那也未必如此。

正如最近新闻报道的一样，重点学校也存在人格有问题的学生。

但是，大家也都清楚，这个世界不会容忍这类人一直存在。

做人根基稳固的孩子一定能成长，这点是可以肯定的。

而为了奠定孩子的人格基础，不论孩子成绩多么优秀，只要他犯了做人的原则性错误，父母就必须负起责任，纠正他的行为，这才是父母应有的态度。正是父母这种坚定的态度，孩子才能在真正意义上成长起来。

第 7 章

提高孩子成绩的
5 个习惯

习惯 30 珍惜 10 分钟的碎片时间

保证学习时间"共计 2 小时"

为了提高成绩,要保证最低限度的学习量。

仅靠每天学习 30 分钟就考上东大,除非是超级天才,否则不可能做到。

当然,并不是只要花时间就可以了,学习的质量也很重要。但即便如此,在学习上花费的时间也是影响成绩的重要因素。

如果决定每天至少学习 2 小时,那么一般会考虑一段完整的时间,比如晚上的 8 点到 10 点。

不过,培养东大学生的父母会从"共计 2 小时"的角度出发让孩子学习。"共计"是指将碎片时间累积起来。

比如，早饭前 10 分钟、做好准备出门前 5 分钟、吃完晚饭看完电视睡觉前的 30 分钟，等等。这样加起来共计 2 小时。

我观察东大毕业的老师，发现他们非常善于利用碎片时间，对于琐碎的事情，他们在能做的时候会快速处理完。我基本没见过他们为了赶截止日期而慌慌张张工作的样子。

他们之所以能做到，得益于即使时间很短也能切换大脑状态集中精神工作的注意力。

这应该是从小被教育"碎片的时间也不能浪费"的结果。

让 10 分钟变成有意义的时间

培养出东大学生的父母，非常清楚 10 分钟的价值。

假设现在是 7 点 20 分，7 点 30 分会播出孩子想看的电视节目。如果播出之前的 10 分钟什么都不做，那这 10 分钟什么都不会获得。

在第 5 章我们说过，休息也很重要。但是什么都不做的时间不算休息，只是浪费时间而已。

假如这 10 分钟坐到课桌前，累计下来，1 周就是 70 分钟，即 1 个小时以上。1 个月便能保证 5 个小时左右的学习时间。

1 年、3 年……像这样不断持续积累下去，就会发现短暂的 10 分钟也有重大的价值。

真正去做的时候也能发现，10 分钟可以做的事情有很多。那些说太忙没有时间学习的孩子或家长，是不是思路被限制在"完整的时间"了呢？

相反，因为执着于保证"完整的时间"，所以才会出现"没时间学习"的烦恼。其实只要有效利用碎片时间，完全可以找出很多学习时间。

做不完就不删除的待办清单

孩子是寻找时间玩游戏的天才。

比如，电视节目开始前的 5 分钟，做好出门准备后的 5 分钟等等，他们只要一有空就会玩游戏。所以，把时间完全交给孩子，他们自己能找到很多时间。

有的人会说："学习另当别论吧。"这要看采取什么方法。

有一位母亲向孩子提议，在白板上写下一天中需要做的事情，然后将完成的事情逐一擦除。

每一件事都只需花 5～10 分钟，决定什么时候做是孩子自己的自由。

但是必须把全部的事项完成才能睡觉，规定比较严格。

那个孩子每周还有 3 天要去足球社团，每天都很忙碌。所以，很难确保学习的时间。

不过，采用这个方法后，他也能利用碎片时间自己主动地认真学习，自然而然地养成了踏实努力的习惯。

直到考试也没有放弃足球的孩子，最终成功地考上了麻布中学。

因为时间短，所以能专注

"就算利用碎片时间学习，难道不会因为注意力分散而无法专注吗？"

有人可能这么认为，但绝不是这样。

正因为时间短，所以才能专注。

当然，像英语、语文长篇阅读理解等需要一定的时间来解题，但学习并不全是这些内容。

除了计算和汉字等练习外，还可以背单词、背历史年份等，10分钟里可以做的事情很多。相反，如果连10分钟这么短的时间都无法专注，更不可能在50分钟的时间里集中注意力。

关于考试时间，中学入学考试为50～60分钟，高考为90～150分钟；解决每一道题所需的时间，中学考试2～3分钟，高考需要10分钟左右。也就是说，在10分钟的时间甚至可以挑战1～2道真题。

另外，利用碎片时间还有一个好处，就是可以减轻孩子对于学习的精神负担。与其向他施加压力——"好，现在开始学习2小时"，不如将时间分割成小单位——"现在学习5分钟""趁这10分钟学习"，以共计2小时为目标，这样孩子也更容易有干劲儿。

积少成多的道理同样适用于学习。而且，正是由于"少"的积聚，才能成为孩子成长的动力。

习惯 31 在家中多做布置

沙发旁放智能手机的理由

培养出东大学生的家庭,最大的特点是家庭"布置"。

在家里的每一个角落,都看似不经意地摆放着与学习有关的物品。

电视机旁边放着世界地图或地球仪,舒适的沙发旁放着平板电脑或智能手机。

这种布置,是为了在看电视或者与家人聊天的时候,遇到不懂的问题可以马上查询。

其他还有像"准备2本相同的参考书,1本放在书架,剩下的1本放到家里其他的地方""卫生间里放一套薄的习题册和铅笔""在墙上贴上汉字一览表""在浴室贴上日本地图"等等，让家里的所有地方都有学习的机会。

可以肯定的是，没有哪个孩子一开始就能积极主动地学习。而且，孩子通常都害怕麻烦，就连走5步就能办的事情对他们而言都是阻碍。

但是，如果能创造环境，让物品自然而然地进入孩子的视线，或者孩子一伸手就能拿到，他就会不知不觉伸出手去拿。

在冰箱门上贴成语

某个家庭的冰箱门上，贴着历史年份、英文单词和汉字等必须要牢记的知识。

这是一个好办法，因为口渴的时候，肚子稍微有点饿的时候，孩子在一天中会多次打开冰箱。

每次站在冰箱前，即便心里不愿意，知识也会映入眼帘，或许就能记住一两个知识点。

某位东大学生说，从他小时候开始，家里的冰箱门上每天会换一组成语。或许是受此影响，他一直很擅长成语，这也成了他的得分点。

虽然他苦笑着说："我是个贪吃鬼，而父母正好利用了

第 7 章　提高孩子成绩的 5 个习惯　　157

这一点。"像这样，了解孩子的行为模式，也就是成功布置的窍门。

在必定会拿的东西上"布置"

仔细观察孩子的行为，就会发现孩子在家里一定会拿什么东西，以及一定会去哪些地方。

假如是爱好足球的孩子，那么家里的足球有很大概率处于"活动"状态。一天中孩子会玩好几次足球吧。

若是这样，只需在足球上下功夫即可。

有位男孩子的家里有好几个足球，每个足球都贴着写有汉字的贴纸。

可能有人会想，在不断移动的物品上贴汉字有意义吗？但是，我们可以期待孩子只要在一瞬间见到的事物也能记住。另外，只要每天贴上不同的汉字，孩子还会产生兴趣——"今天是哪个汉字呢？"

孩子只要有了兴趣，就不怕花费工夫。他会停下脚步，抱起足球，然后读取足球上写下的信息。

像这样，假如父母也抱着玩游戏的心态享受各种布置，便能在家中创造学习的机会。

那些帮助孩子成长的家庭，都乐于设计与学习有关的布置。

父母可以在吃饭的时候提起"今天的汉字是××吧"等话题，营造一起学习的氛围，这样孩子也能坦然地接受这个设计。

总之，孩子最讨厌的是"只有自己在被迫学习"的状态。

不过，好不容易做好了布置，却强迫孩子记忆，或者对布置的效果抱有过高的期待，都会产生相反的效果，容易引起孩子的反抗心理。

"能起作用就算有收获"，父母可以带着这种想法进行尝试。

习惯 32 | 不因孩子成绩的起伏而或喜或忧

成绩下降的意外理由

学习成绩突飞猛进的孩子有很多,但并不意味着他们能持续不断地提高成绩。

这只是从结果来看成绩提高了呢。毕竟还是处于成长过程中的孩子,他们也会因为一些微不足道的事情使成绩突然下降。

有一个男孩子原本升入中学后成绩一直很好,到第二学期成绩却突然直线下降。

于是我们便询问他发生了什么事,原来进入第二学期后,他坐到了喜欢的女孩子旁边,上课时总是心神不宁,无法集中注意力。

知道是这个原因后,他的父母和我都苦笑了一下。毕竟正值青春期,发生这样的事情也不稀奇。

话虽如此,也不至于几个月都一直心神不宁。如果孩子自己察觉到是这个原因导致成绩下降,那么成绩下降只是暂时的。

孩子把心情调整过来之后,成绩便会恢复。

能预测孩子成绩变化的父母

有些父母特别擅长提前预测孩子成绩的变化。

下次考试分数可能会稍微下降或者估计会一下子提高,他们能在某种程度上预测成绩的变化。

其中有些父母直觉的敏锐程度,甚至连我们的老师都自愧不如。这些家庭的孩子,几乎都考上了重点学校。

他们之所以能预测孩子的成绩,是因为一直都关注孩子的表情,从不放过一丝一毫的变化。

在学校里遇到困难了、喜欢上什么事物、学习不在状态、开始燃起学习的斗志了,这些他们都能敏锐地感知到。

或许是由于这个原因,他们并不会因孩子成绩一时的波动而或喜或忧。

即使孩子成绩下降，被转到了低年级班，他们也清楚其中的原因，不会过分担忧。

了解原因后，即使孩子成绩下降，也更容易采取对策。

如果是因为过于劳累，那么充分休息即可；如果是像上述那个男孩的情况，则需要等待他的热情冷却下来。

如果孩子看起来在学校里遇到困难了，就和他好好聊聊，必要时或许还需要找学校老师商量。

父母有两种，一种是看到分数后才开始思考怎么办，一种是能够提前预测原因并尽早研究对策。

哪种孩子能更快恢复成绩呢？结果可想而知。

一时的成绩下降是常见的，重要的是如何停止暂时性的下滑，尽早让孩子恢复成绩。

孩子的实力是 5 次考试成绩的平均值

用平时的考试结果来判断孩子的成绩是上升还是下降，并不可靠。

既有正好不在状态分数不高的时候，也有因为幸运分数很高的时候。如上所述，偏差值和排名还会受到周围同学的影响，所以更不可靠了。

至少，即使孩子一两次考得很差，也不必过分担心。

5次左右考试成绩的平均值是孩子的实力水平，从这个角度来评估不会让父母和孩子产生不必要的压力。

习惯 33 | **模拟考试不用复习**

自我评价过高的危险

这样的说法听起来与前面的内容有点矛盾,但存在应该只看分数或结果的考试,那就是模拟考试。

"因为是模拟考试,好好复习没解答出来的问题,为下一次考试做准备才是关键。"

很多人会这么想,但我不认为这种做法能充分利用模拟考试这个机会。

因为一旦养成模拟考试后再复习的习惯,孩子就会产生一种"可以重来的感觉",于是不知不觉将模拟考试变成单纯的"练习赛"。

复习模拟考试的内容时,会想自己这道题的思路是对的，如果再多有 5 分钟的话这道题应该能得分，像这样孩子往往会高估自己。

即使本来录取的可能性只有 50%，有的孩子会觉得"再加上能解出来的题目应该能达到 75% 的可能性吧"，很容易高估自己被录取的可能性。

为了让自己有信心为正式考试做准备，这种乐观的想法是必要的，但仅限于备考的初期。

真正的入学考试是一次定胜负，不论是否合格，结果就是一切。所以，在距离考试还有半年的时候，即便是模拟考试也必须抱着像正式考试的心态去面对，将其作为真正意义上的"模拟考试"来对待十分关键。只有这样，才能增加应对"正式考试"的经验。

东大学生的父母，几乎不会因为模拟考试的成绩批评孩子，但也不允许孩子找借口。他们认为模拟考试和正式考试一样，结果就是一切。我也认为模拟考试原本就应该是这样的用途。

在考试前一年确定便当

某位家长说，他在孩子第一志愿学校考试的一年前，就已经决定好孩子考试当天穿的衣服、早饭以及需要的便当。

这么做是为了让孩子每天能以面对正式考试的状态去挑战模拟考试。

也就是说，让孩子在模拟考试时，吃和正式考试当天一样的早饭，穿一样的衣服去考场，带同样的便当。

并且对于模拟考试，完全不看考试内容，只看结果。然后让孩子建立这样的意识，假如成绩不理想，就视为这次考试不及格，调整心态后参加下次考试。

所以，那个孩子即使参加模拟考试，也一直体会着与参加正式考试般的紧张感。

在考试当天，那个孩子吃之前吃过多次的决胜早餐，穿着同样的决胜服前往考场，在考试间隔吃了同样的决胜便当。

当然他还是会紧张，不过那种紧张感之前已经多次体验过。所以，他发挥出原本的实力，顺利考上了第一志愿中学。

那个孩子紧张的经验，是通过以参加正式考试的意识挑战模拟考试而培养出来的。

总会有解答不出的题目

其实模拟考试和正式考试一样,都有不容易解答的题目。试卷原本就被设计成不容易取得满分。

确实,在正式考试的时候能解出这类难题具有优势,但通常只需在其他部分拉开分数即可,即使答不出来难题也完全没有问题。勇于放弃,也是一种"技术"。

因此,与其花时间研究解不出来的难题,不如把这些时间花在确实能答出来的题目上,反而有助于取得好成绩。

从这个意义上说,模拟考试是不需要复习的。

还有一点需要注意,就是考出好成绩时的应对方式。

即使抱着像参加正式考试一样的意识,模拟考试仍旧不是正式考试,所以取得好成绩也不必过于高兴。请记住这只是过程中取得的成果。

即使已经考取了保底学校,也同样需要注意。

习惯 34 从容地面对孩子

把东京大学作为志愿学校

孩子从小立志"考上东大",为了这个目标,父母和孩子日复一日地努力。

媒体上报道的,多是这种从小就以东大为目标的家庭。

但是,这样的家庭与多数东大学生父母的情况大相径庭。因为这类家庭不常见,才会被媒体报道。

实际上,我见到的东大学生的父母,并不执着于让孩子考上东大。

不知不觉中孩子的志愿学校变成了东大,还幸运地考上了,这几乎是很多父母的感想。

或许是出于这个原因,即使孩子在拼命备考的时候,也感受不到父母有多少紧张感。

当然,他们还不至于轻松"享受"孩子备考的时间,但我能感觉到他们对于孩子挑战过程中的每个环节,都对孩子充满了爱意。

换句话说,他们并不认为孩子朝着目标每天努力所花费的时间,必须要以考上东大作为回报。

孩子上小学的时候,去接他放学,父母和孩子一边聊着无关紧要的话题,一边踏上回家的路,这段时间比什么都开心;送孩子去参加模拟考试的时候,可以和孩子一起笑着说"好紧张"。

如果有这样的父母在旁边,孩子也能享受"当下"。

考试不是战争

想着明天就放弃学习的孩子,成绩一定不容易提高,无法获得好结果也是事实。

考试结束后感到一丝落寞的孩子,即使当时没能考取志愿学校,下一次也有可能达到更高的目标。

虽然有"应试战争"一词,但考试并不是战争。

我认为考上的人确实取得胜利了,但没考上的人也并没有失败,我也一直是这样告诉孩子们。

重要的不是考试合格,而是通过这个经验能得到些什么。

比如,虽然中学入学考试时很遗憾未能合格,但至少挑战考试的经验不会白费。

拥有这种豁达想法的父母,即使孩子遭遇了重大的挫折,也能通过与孩子对话让他重新振作起来。

中考失败,却考上东大的孩子

有个孩子一直到临近考试,成绩仍无法达到志愿学校的合格率。

合格率在30%左右徘徊,数学总是考不好。

我和他们商量今后对策的时候,那个孩子的父母说了这么一番话。

"中学入学考试只是一个过程,我并不看重他能否考上。考试本身才是关键,考试的经验在孩子今后漫长的人生中有着重要的意义。所以,是否去考志愿学校,我想让他自己做决定。"

听到这句话,我心里感叹:多开明的家长啊!当时的那份感动至今仍令我印象深刻。

最后他选择挑战合格率30%的学校,很遗憾没能考上。虽然他考上的是第三志愿学校,但是中考的备考经历给他带来的不是挫折感,而是能够挑战重点学校的骄傲与自信。

这份经历使他飞速成长,之后过了6年,他竟然成功地考上了东大。

与孩子保持同样的步调前进

一般的孩子成长值为5左右,但有些孩子能一口气提高到10。

根据我的经验,这样的孩子大概10个里面只有1个。

而且,这些孩子的身边,一定会有不局限于眼前、用长远的目光看待孩子成长的父母。

或许有些人脑海里会浮现出全面尊重孩子的意愿、不向孩子索求的父母形象,但其实并非如此。

培养出东大学生的父母,也有对孩子的期待:"希望你成为这样的人!"

但他们不会强迫孩子理解他们的要求,也不会强迫孩

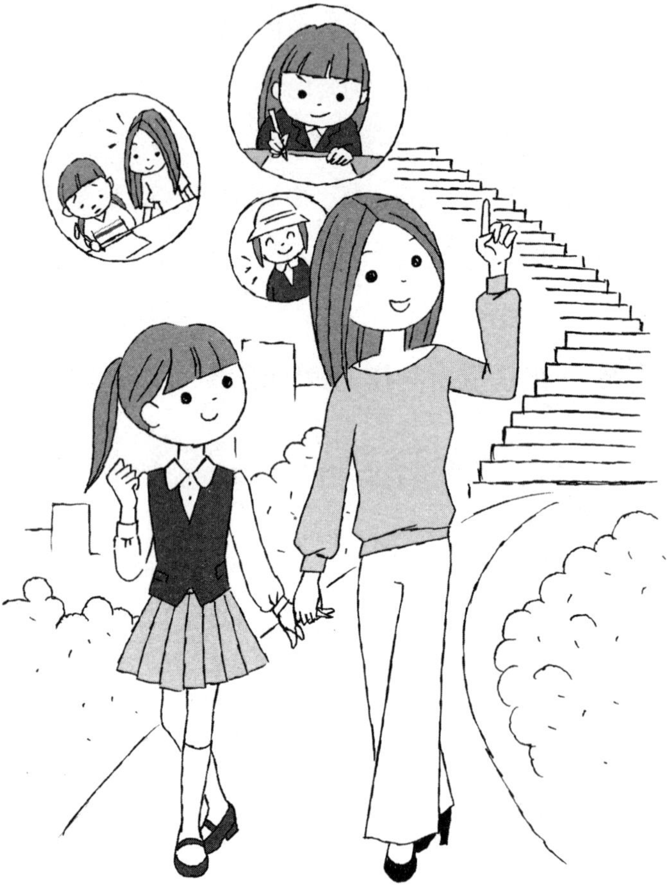

子朝自己理想的方向前进。

他们总是心平气和。

他们会和孩子一起试着看脚下盛开的小花,也不会吝啬时间去帮助孩子一起扫除成长路上的障碍。

他们也曾和迷路的孩子一起,停下脚步思考方向。

即使将目标锁定为东大,抵达终点的道路有无数条,每一条道路都不尽相同。而且,有多少孩子就有多少条路。

找到最适合孩子的路,父母也能一边享受孩子的成长,一边和孩子一步步前进。

这才是培养东大学生的家庭氛围。

结　语

"最近的孩子都有逃避竞争的倾向。"

我在本书中这样写道。

其实，父母也存在这种倾向。当我询问父母们："您希望让孩子考哪所学校呢？"明明距离考试还有一年以上的时间，很多父母却告诉我："能考上与孩子实力相符的学校就好。"

以和自身实力水平相当的学校为目标，自然考上的可能性较高。

不需要勉强孩子，父母也比较放心。

但是，我听着却很着急。

如今社会正发生着巨大的变化，无须以AI（人工智能）研发为例，科学技术正以惊人的速度取得进步。

等到孩子长大成人的时候，只靠简单的知识或技能恐怕难以生存。

而在那样的社会里，即使顶着"东大毕业"的光环，也绝对算不上占优势。

那么，在未来的时代孩子需要什么能力呢？

应该是不甘于现状，带着强烈的意志挑战目标的能力吧。而这种能力，只有在经历过多次挑战自身极限后才能获得。

考试本身是否成功，并不那么重要。

重要的是挑战的过程。

说得极端点，只要能做到这一点，就等于已经成功了。

正因如此，我希望孩子们能够更积极地去竞争，同时也希望父母也能让孩子具有挑战困难的勇气。

为此，首先请比任何人都相信孩子成长的可能性，然后通过帮助孩子成长，协助孩子应对挑战。

这才是父母能为孩子所做的最有价值的工作。